새 이화 한국어

새 이화 한국어 1-1 (English Version)

지은이 이화여자대학교 언어교육원(이민경·김현진·배재원·이정연·김민정·박옥경·황윤정·최효원)
감수 이은주·김영규·박선희

펴낸날 1판 1쇄 2023년 11월 20일
2쇄 2025년 11월 21일

펴낸이 주소현 펴낸곳 이화여자대학교출판문화원
주소 서울특별시 서대문구 이화여대길 52 등록 1954년 7월 6일 제9-61호
전화 02-3277-2965(편집), 02-362-6076(마케팅) 팩스 02-312-4312
전자우편 press@ewha.ac.kr 홈페이지 www.ewhapress.com

책임편집 이혜지 디자인 프로스트아이디어
번역 김영은 번역감수 이미진(이화여대 영어교육과 교수)
일러스트 정윤서 사진촬영 강지민 촬영지원 언어교육원 행정실
녹음 오렌지 커뮤니케이션즈 성우 권도일, 방시우

ISBN 979-11-5890-491-3 14710
979-11-5890-490-6 (세트)

* 사진 촬영에 협조해 주신 양혜윤, Sakurai Azusa, Ketamornwattana Chutisara, Mikael Ovaska, Mariarosa Patino, Fukunishi Haruka 씨, 이화여자대학교 언어교육원 학생들과 이화여자대학교 학생들에게 감사를 드립니다.

* 잘못된 책은 구입처에서 바꾸어 드립니다.

새 이화 한국어

ENGLISH VERSION

이화여자대학교 언어교육원 지음

이민경 · 김현진 · 배재원 · 이정연
김민정 · 박옥경 · 황윤정 · 최효원

1-1

이화여자대학교출판문화원

머리말

이화여자대학교 언어교육원은 『이화 한국어』를 발간한 지 12년 만에 새로운 의사소통 중심 교재 『새 이화 한국어』를 발간하게 되었습니다. 지난 10여 년 동안 『이화 한국어』는 세계 각국에서 사용되어 왔으며 현재까지도 외국인들에게 좋은 학습의 길잡이가 되고 있습니다. 그러나 교수·학습 환경이 나날이 변화하고 한국어 학습자의 요구가 다양해짐에 따라 이에 부응할 새로운 교재의 필요성이 대두되었습니다. 이화여자대학교 언어교육원은 오랜 한국어 교육 경험과 연구를 바탕으로 『이화 한국어』를 전면적으로 혁신할 새로운 교재 개발에 착수하였고, 약 3년의 작업 끝에 마침내 『새 이화 한국어』를 세상에 내놓게 되었습니다.

『새 이화 한국어 1』은 듣기, 말하기, 읽기, 쓰기의 통합 교재로 다음의 특징이 있습니다. 먼저 한 단원을 세 개의 소단원으로 구성하여 하나의 주제에 대하여 다양한 기능을 충분히 연습할 수 있도록 설계하였습니다. 또한 문법의 비중을 낮추고 재미있으면서도 실제적인 의사소통 과제의 비중을 높임으로써 수업 내용이 실생활로 전이될 수 있도록 하였습니다. 어휘, 문법은 언어 지식을 쌓는 것에 그치지 않도록 듣기, 말하기, 읽기, 쓰기와 연계를 활용한 유의미한 연습을 제시하였습니다.

특히 이 교재는 네 가지 언어 기능의 균형 있는 발전을 유도하면서도 말하기 능력을 강화하도록 고안된 것이 특징입니다. 이를 위해 대화, 역할극, 그룹 활동 등 방식과 참여 인원 등을 다양화하여 말하기 과제를 제시하였습니다. 이러한 과제를 통해 학습자들이 다양한 상황에서 주도적으로 말하기를 이끌어가는 능력을 기를 수 있을 것으로 기대됩니다. 그리고 듣기와 말하기, 읽기와 말하기, 읽기와 쓰기 등 여러 기능을 연계하고 통합한 과제를 제시함으로써 구어와 문어 학습이 긴밀하게 연계될 수 있도록 구성하였습니다.

이 교재가 발간되기까지 정말 많은 분들의 땀과 노고가 있었습니다. 이화여자대학교 언어교육원을 대표하여, 좋은 교재를 개발하기 위해 밤낮으로 고민하고 집필에 매진하신 저자 분들께 깊은 감사를 드립니다. 또한 교재가 발간되기까지 여러 가지 행정적 지원을 아끼지 않고 수고해 주신 언어교육원 행정실에도 진심으로 감사를 드립니다. 그리고 감수를 맡아 교재 구성과 내용에 많은 조언을 해 주신 김영규, 박선희 교수님께도 감사의 말씀을 드립니다. 마지막으로 이 교재가 이렇게 멋진 모습으로 발간될 수 있도록 편집과 출판을 맡아 주신 이화여자대학교출판문화원에도 깊은 감사의 마음을 전합니다.

이 교재가 국내외에서 한국어 교재로 널리 활용되어 한국어를 쉽고 재미있고 효과적으로 교수·학습하는 데에 크게 기여하기를 바랍니다. 아울러 앞으로 나아가야 할 한국어 교육의 방향을 선도하는 역할도 하게 되기를 기대합니다.

2023년 11월
이화여자대학교 언어교육원
원장 이은주

PREFACE

Ewha Language Center at Ewha Womans University has published *New Ewha Korean*, a new communication-oriented textbook, twelve years after the first publication of *Ewha Korean*. Over the past ten years, *Ewha Korean* has been widely used in many countries around the world, and even today, it serves as a valuable learning guide for many foreigners. However, to reflect the rapid changes in teaching and learning environment and to meet the various needs of Korean language learners, this new textbook edition has become necessary. Based on its long experience in Korean language education and research, Ewha Language Center at Ewha Womans University has developed a new textbook to refine the previous edition *Ewha Korean*, and the *New Ewha Korean* has finally been released after about three years of work.

New Ewha Korean 1 is a textbook that integrates listening, speaking, reading, and writing with the following characteristics. First, each unit consists of three subunits so that it allows for sufficient practice of various functions related to a single topic. In addition, by lowering the weight of grammar and increasing motivating and practical communication tasks, the course content can be transferred to real life. Meaningful exercises that integrate listening, speaking, reading, writing practices are also provided in order to avoid limiting language knowledge to only vocabulary and grammar.

In particular, this textbook is designed to strengthen speaking skills while encouraging a balanced development of the four language skills. To this end, speaking tasks include a variety of formats such as conversation, role play, and group activities, and involve different numbers of participants. Through these tasks, it is expected that learners will be able to develop the ability to lead speaking in a variety of situations. In addition, by presenting assignments that combine language skills such as listening and speaking, reading and speaking, and reading and writing, tasks are structured so that oral and written language learning can be closely linked.

This textbook required much effort and dedication before it was published. On behalf of the Ewha Language Center at Ewha Womans University, I would like to express my deepest gratitude to the authors who worked hard day and night to develop an exemplary textbook. In addition, I would like to express my sincere gratitude to the administrative office of Ewha Language Center for their hard work and support in the publication of this textbook. I would also like to sincerely thank Professor Young-kyu Kim and Professor Sun-hee Park, who provided many suggestions on the textbook structure and content. Lastly, I would like to extend my thanks to the Ewha Womans University Press for editing and publishing this textbook so that it can be published in such a wonderful form.

I hope that this textbook will be widely used as a Korean language textbook in Korea and abroad, contributing greatly to teaching and learning the Korean language easily, enjoyably, and effectively. In addition, I hope it will play a leading role in guiding the future direction of Korean language education.

November 2023
Ewha Language Center at Ewha Womans University
Director Lee, Eun-joo

교재 구성표

단원	단원명	소단원 1					
		제목	어휘와 표현	문법	듣고 말하기	발음	제목
1	한국어와 한글	한글 익히기 1	한글 소개, 모음 1, 자음 1				한글 익히기 2
2	소개	이름이 뭐예요?	국적	N이에요/예요	자기소개에 대해 듣고 말하기 더 저는	억양	제 친구는 회사원이에요
3	일상생활	요즘 공부해요	일상생활	A/V-아요/어요	일상생활에 대해 듣고 말하기 더 으 탈락	연음	시험이 며칠이에요?
4	물건과 장소	이 책이 한국어 책이에요?	물건 ①	이, 그, 저 N	물건에 대해 듣고 말하기 더 이게, 이건, 이걸	경음화 ①	가방이 책상 위에 있어요
5	하루 일과	수업은 몇 시에 시작해요?	수 ②, 시간	N에(시간)	문화 센터 프로그램에 대해 듣고 말하기	비음화	점심시간은 1시부터 2시까지예요
6	쇼핑과 음식	운동화를 사고 싶어요	가격, 물건 ②	V-고 싶다	사고 싶은 물건에 대해 듣고 말하기	ㅎ 탈락	사과 다섯 개 주세요

소단원 2			소단원 3				문화
어휘와 표현	문법	읽고 말하기	제목	문법	듣고 말하기	읽고 쓰기	
모음 2, 자음 2			한글 익히기 3	모음 3, 받침, 문장 만들기, 인사말과 교실 표현			
직업	N은/는	친구에 대해 읽고 말하기 더 N의 N	학생이 아니에요	N이/가 아니에요	유명인에 대해 듣고 말하기	가족에 대한 글 읽고 쓰기	호칭
수 ①, 날짜	N이/가	수업 일정에 대해 읽고 말하기	한국어를 배워요	N을/를 더 무엇을, 뭘, 뭐	한국 생활에 대해 듣고 말하기	한국 생활에 대한 글 읽고 쓰기	유용한 전화번호
위치, 가구	N에(위치)	물건의 위치에 대해 읽고 말하기	거실과 주방이 있어요	N과/와, N하고	집에 대해 듣고 말하기	고향 집에 대한 글 읽고 쓰기	외래어
하루 일과	N부터 N까지	편의 시설의 이용 시간에 대해 읽고 말하기	저는 7시에 일어납니다	A/V-습니다/ㅂ니다, A/V-습니까?/ㅂ니까? 더 ㄹ 탈락	하루 일과에 대해 듣고 말하기	하루 일과에 대한 글 읽고 쓰기	공공 서비스의 이용 시간
상태 ① 더 ㅂ 불규칙	V-으세요/세요	식료품 구입에 대해 읽고 말하기 더 개, 권, 명, 병	식당에 자주 가요	N에(방향)	좋아하는 식당에 대해 듣고 말하기	좋아하는 가게에 대한 글 읽고 쓰기	한국의 국물 음식

더 더 알아보기

Table of contents

Subunit 2			Subunit 3				Culture
Vocabulary & expressions	Grammar	Reading & speaking	Title	Grammar	Listening & speaking	Reading & writing	
Vowels 2, Consonants 2			Learning Hangeul 3	Vowels 3, Final consonants, Sentence building, Greetings and classroom expressions			
Jobs	N은/는	Reading and speaking about a friend 더 N의 N	He is not a student	N이/가 아니에요	Listening and speaking about celebrities	Reading and writing about my family	Address terms
Number ①, Date	N이/가	Reading and speaking about the class schedule	I am learning Korean	N을/를 더 무엇을, 뭘, 뭐	Listening and speaking about life in Korea	Reading and writing about life in Korea	Useful phone numbers to know
Location, Furniture	N에(location)	Reading and speaking about location of an object	There's a living room and a kitchen	N과/와, N하고	Listening and speaking about a house	Reading and writing about hometown	Loanwords
Daily schedule	N부터 N까지	Reading and speaking about hours of public facilities	I get up at 7 o'clock	A/V-습니다/ㅂ니다, A/V-습니까?/ㅂ니까? 더 ㄹ 탈락	Listening and speaking about daily routine	Reading and writing about daily schedule	The operating hours of public services
Condition ① 더 ㅂ 불규칙	V-으세요/세요	Reading and speaking about buying groceries 더 개, 권, 명, 병	I go to the restaurants very often	N에(direction)	Listening and speaking about your favorite restaurant	Reading and writing about your favorite store	The Korean soup

더 더 알아보기

교재 구성과 사용법

How to use this book

- 『새 이화 한국어』 1급은 총 200시간 분량의 한국어 교재이다.
  New Ewha Korean LEVEL 1 is a Korean language textbook with a total of 200 hours of lessons.

- 『새 이화 한국어』 1급은 '국제 통용 한국어 표준 교육과정' 1급, '유럽공통참조기준(CEFR)' A1 정도에 해당된다.
  New Ewha Korean LEVEL 1 corresponds to Level 1 of the International Standard Curriculum for Korean Language and A1 of the Common European Framework of Reference for Languages(CEFR).

- 『새 이화 한국어』 1급은 두 권으로 나뉘어 있으며(1-1, 1-2), 『새 이화 한국어 1-1』은 1~6단원, 『새 이화 한국어 1-2』는 7~12단원으로 구성되어 있다.
  New Ewha Korean LEVEL 1 is divided into two volumes (1-1, 1-2) and *New Ewha Korean* 1-1 consists of units 1~6, and *New Ewha Korean* 1-2 consists of units 7~12.

- 각 단원은 세 개의 소단원으로 구성되어 있으며 세부 내용은 아래와 같다.
  Each unit consists of three subunits. The details are as follows.

단원 Unit								
소단원 1 Subunit 1		**소단원 2** Subunit 2		**소단원 3** Subunit 3		문화 Culture	어휘와 표현 확인 Vocabulary and expressions check
어휘와 표현	Vocabulary and expressions	어휘와 표현	Vocabulary and expressions	문법	Grammar		
문법	Grammar	문법	Grammar	듣고 말하기	Listening and speaking		
듣고 말하기	Listening and speaking	읽고 말하기	Reading and speaking	읽고 쓰기	Reading and writing		
발음	Pronunciation						

- 말하기 활동에 다양한 아이콘이 사용되는데, 그 의미는 다음과 같다.
  Various symbols are used for speaking activities, and their meanings are as follows.

아이콘 Symbol	**의미** Meaning
	짝 활동(짝이 바뀌지 않음) pair work (not changing a partner)
	짝 활동(짝이 바뀜) pair work (with changing partners)
	3~4명 그룹 활동 group work of 3-4 people
	교실 발표 a classroom presentation

- 듣기 자료는 이화여자대학교출판문화원 홈페이지에서 내려받을 수 있으며, 교재의 QR 코드를 통해 바로 접근할 수도 있다.
  The audio can be downladed from the Ewha Womans University Press website(www.ewhapress.com) or by scanning the QR code in the textbook.

단원 표지

Unit cover page

- 단원의 제목과 소단원의 학습 목표와 내용을 알려 준다.
  The title of the unit and the objectives and contents of each subunit are presented.

- 사진 자료로 각 소단원의 주제를 알 수 있도록 보여 준다.
  Pictures relevant to the topic of each subunit are presented.

- 각 소단원의 주제 관련 표현을 제시하여 학습자들이 그 표현과 관련된 사진을 찾아보게 함으로써 각 소단원의 주제를 인지하고 배경지식을 활성화할 수 있게 한다.
  Learners are encouraged to match the pictures with the expressions provided in order to recognize the topics of the subunits and activate their background knowledge.

3 단원 Unit

일상생활 Daily life

1 요즘 공부해요
I study these days
- 일상생활
  Vocabulary and expressions: Daily life
- A/V-아요/어요
  Grammar: A/V-아요/어요
- 일상생활에 대해 듣고 말하기
  Listening and speaking about daily life
- 연음
  Pronunciation: Liaison

2 시험이 며칠이에요?
What's the date of the exam?
- 수 ①, 날짜
  Vocabulary and expressions: Number ①, Date
- N이/가
  Grammar: N이/가
- 수업 일정에 대해 읽고 말하기
  Reading and speaking about the class schedule

3 한국어를 배워요
I am learning Korean
- N을/를
  Grammar: N을/를
- 한국 생활에 대해 듣고 말하기
  Listening and speaking about life in Korea
- 한국 생활에 대한 글 읽고 쓰기
  Reading and writing about life in Korea

문화 | 유용한 전화번호
Culture: Useful phone numbers to know

어휘와 표현

Vocabulary and expressions

소단원 subunit 1, 2

- 주제별로 선정된 목표 어휘와 표현을 사진이나 그림과 함께 제시하여 의미를 유추할 수 있도록 구성하였다.
  The target vocabulary and expressions selected for each topic are presented with pictures so that learners can infer the meaning.

- 어휘와 표현은 기본형이 아닌 '-아요/어요' 등을 활용한 형태로 제시하였다.
  The vocabulary and expressions are presented in the form of -아요/어요, instead of basic forms.

- 배운 어휘와 표현을 사용해서 위의 사진이나 그림에 대해 또는 자기 자신에 대해 이야기하는 말하기 연습이다.
  This is a speaking exercise where learners use the vocabulary and expressions they have learned to talk about the pictures above or themselves.

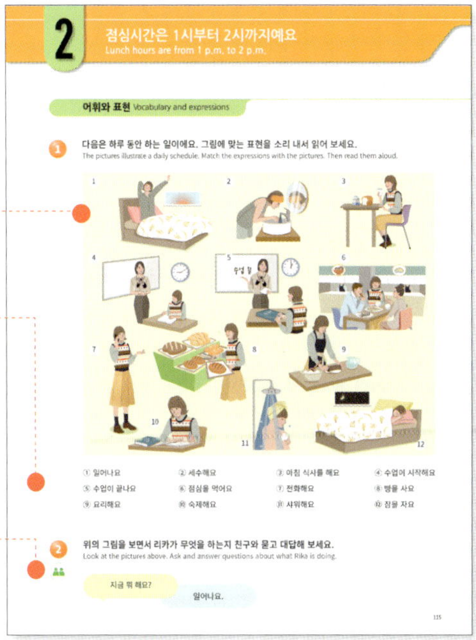

2 점심시간은 1시부터 2시까지예요
Lunch hours are from 1 p.m. to 2 p.m.

어휘와 표현 Vocabulary and expressions

1 다음은 하루 동안 하는 일이에요. 그림에 맞는 표현을 소리 내서 읽어 보세요.
The pictures illustrate a daily schedule. Match the expressions with the pictures. Then read them aloud.

① 일어나요 ② 세수해요 ③ 아침 식사를 해요 ④ 수업이 시작해요
⑤ 수업이 끝나요 ⑥ 점심을 먹어요 ⑦ 전화해요 ⑧ 빵을 사요
⑨ 요리해요 ⑩ 숙제해요 ⑪ 샤워해요 ⑫ 잠을 자요

2 위의 그림을 보면서 리카가 무엇을 하는지 친구와 묻고 대답해 보세요.
Look at the pictures above. Ask and answer questions about what Rika is doing.

지금 뭐 해요?
일어나요.

115

문법

Grammar

소단원 subunit 1, 2, 3

- 목표 문법이 사용되는 전형적인 대화 또는 짧은 읽기 텍스트를 사진이나 그림과 함께 제시함으로써 학습자가 문법의 의미를 유추할 수 있게 하였다.
  Typical conversations or a short reading text using the target grammar are presented along with pictures to help learners to infer its meaning.

- 주어진 정보를 보고 배운 문법을 사용해서 질문하고 대답하는 연습이다.
  This exercise involves asking and answering questions using the target grammar and given information.

- 서로 질문하고 대답한 후에 상대방한테서 들은 내용을 써 보는 연습이다.
  This is a pair work of asking and answering questions to each other and writing down the partner's answers.

- 목표 문법이 사용되는 대화 4개와 문법의 의미, 형태 정보를 제시하였다. 형태 변화가 없는 경우에는 형태 정보를 제시하지 않았다.
  Four example sentences using the target grammar are presented with explanations of its meaning and form. If there are no morphological changes, the information about the form is not included.

- 배운 문법을 사용해서 질문과 대답을 연결하고 대화를 들어 보는 연습이다.
  This exercise involves matching questions and answers using the grammar learned and listening to conversations.

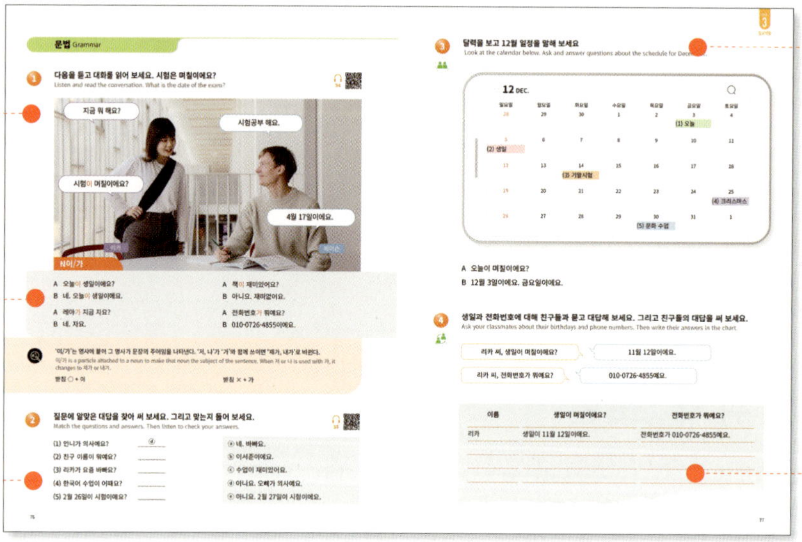

- 소단원 1, 2의 문법 익히기 3번 연습에 '정보 차 활동'이 들어간 경우가 있다.
  In some units, 'information gap activities' are included in exercise 3 of subunits 1 and 2.

- 학생 A와 학생 B의 활동지가 다르며, 학생 A는 해당 페이지에 있는 활동지를 사용하고 학생 B는 책 뒤쪽 부록에 있는 활동지를 사용하면 된다.
  Student A and Student B have different activity sheets, and Student A should use the activity sheet on the page and Student B should use the activity sheet at the back of the book.

- 학생 A는 (1), (3), (5), (7)번을 먼저 질문하고, 학생 B는 (2), (4), (6), (8)번을 먼저 질문한다.
  Student A asks questions (1), (3), (5), and (7) first, and Student B asks questions (2), (4), (6) and (8) first.

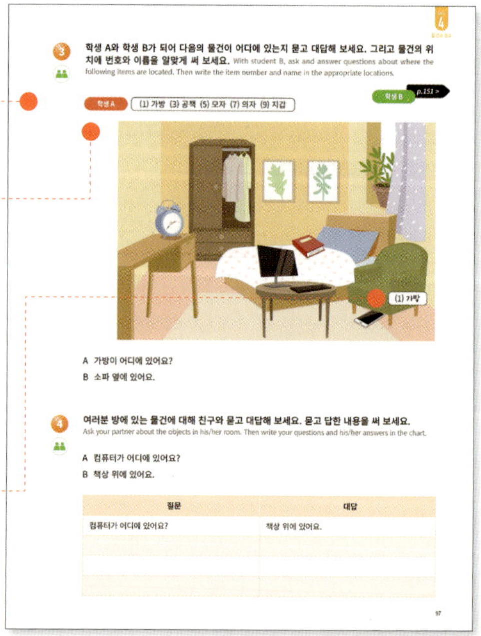

듣고 말하기

Listening and speaking

소단원 subunit 1, 3

- 듣고 말하기의 도입이다. 사진이나 그림을 제시하여 듣거나 말할 내용을 추측해 보고 어휘나 표현을 학습하는 데에 도움이 되도록 하였다.

  This is the introduction to listening and speaking. Pictures are presented to help learners predict what they will hear or talk about and learn vocabulary and expressions.

- 듣기 단계이다. 대화의 난이도와 길이에 따라 2번과 3번으로 나누어 제시하였다. 또한 들은 내용을 확인하는 문제를 제시하여 학습자가 무엇에 중점을 두고 들어야 하는지 안내하였다.

  This is the listening stage. Two listening passages are presented with differing difficulty and length. Additionally, questions are provided to check understanding of the content and guide learners what to focus on while listening.

- 말하기 단계이다. 들은 내용과 관련하여 짧은 대화를 구성하는 것이다. 색깔로 표시된 부분을 교체해서 연습할 수 있도록 하였다.

  This is the speaking stage. It is about constructing a short conversation about what you have heard. Learners can practice speaking by replacing the colored parts.

- 소단원 1의 말하기 또는 해당 단원과 관련 있는 발음 규칙을 배울 수 있도록 제시하였다. 먼저 발음을 들어 보고 발음 규칙을 배운 후에 발음에 맞게 따라 해 보게 하였다.

  The pronunciation rules related to the unit are presented. First, learners listen to the pronunciation, learn the rules, and practice the pronunciation correctly.

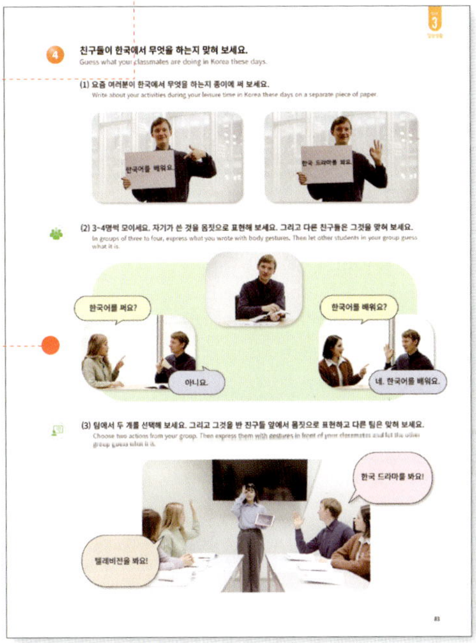

- 소단원 1과는 달리 소단원 3의 4번 연습에는 그룹으로 진행하는 말하기 활동을 제시하였다. 보통 (1)번은 짝 활동, (2)번은 그룹 활동, (3)번은 발표 형식으로 이루어져 있다. 학습자 간의 다양한 상호작용을 통해 해당 단원에서 배운 표현을 내재화하고 언이 사용의 유칭싱을 키우세 하였다.

  Unlike subunit 1, exercise 4 in subunit 3 is a speaking activity conducted as a group. Usually, (1) indicates pair work. (2) indicates group activities, and (3) indicates presentation activities. Through various interactions, the target expressions learned in the unit are internalized, and learners can increase fluency.

읽고 말하기

Reading and speaking

소단원 subunit 2

- 읽기의 도입 사진 또는 그림이다. 읽을 내용을 추측해 보고 어휘나 표현을 학습하는 데에 도움이 된다.
  This is an introduction to the reading. Pictures are presented to help learners predict the content of the reading and learn vocabulary and expressions.

- 읽기 텍스트이다. 학습자의 수준에 맞는 다양하고 실제적인 텍스트를 제시하였다.
  This is a reading text. Various and practical texts suitable for the learners' levels are presented.

- 말하기 단계이다. 읽은 주제와 관련된 내용으로 역할극을 수행하도록 하였다.
  This is the speaking stage where learners perform a role play based on the topic they have read.

- 상황, 내용, 대화자의 역할 등을 그림과 설명으로 제시하였다.
  The situation, content, and role of the interlocutor are presented in pictures and explanations.

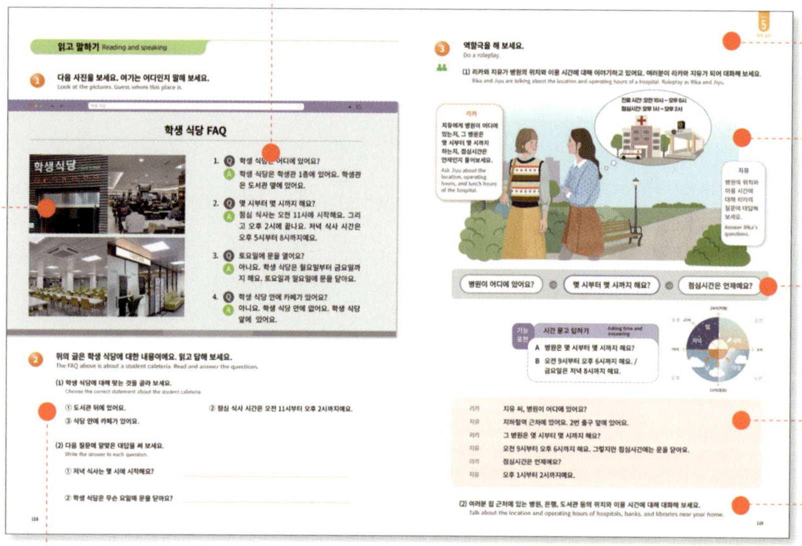

- 읽기 단계이다. 읽은 내용을 확인하는 문제를 제시하여 학습자 스스로 이해도를 점검해 볼 수 있게 하였다.
  This is the reading stage. Comprehension questions are presented so that learners can check their understanding.

- 대화의 주요 핵심 질문을 도식으로 제시했고, 이때 필요한 기능 표현을 제시하였다.
  The main questions of the conversation are presented as a diagram, and the functional expressions are provided.

- 모범 대화문이다.
  This is a model dialogue.

- 자신의 경험과 생각을 바탕으로 말할 수 있는 확장 연습이다.
  This is an expanded practice where learners can freely engage in the conversation based on their own experiences and thoughts.

읽고 쓰기

Reading and writing

소단원 subunit 3

- 소단원 3의 읽기에서는 소단원 2와 텍스트 분량 및 유형, 읽기 활동을 다르게 제시하였다.

  The reading section in subunit 3 differs from that of subunit 2 in terms of length, type, and reading activities.

- 읽기의 도입 사진 또는 그림이다. 읽을 내용을 추측해 보고 어휘나 표현을 학습하는 데에 도움이 된다.

  This is the introduction to reading. Pictures are presented to help learners predict the content to read and learn vocabulary and expressions.

- 쓰기 단계이다. 읽은 텍스트와 유사한 종류의 글을 써 보게 하였다.

  This is the writing stage. It involves writing similar to what the learners have read.

- 먼저 실제 쓸 내용을 구상할 수 있도록 관련된 질문을 넣어 쓰기를 준비하도록 하였다.

  First, learners are presented with relevant questions that help them brainstorm contents for the writing.

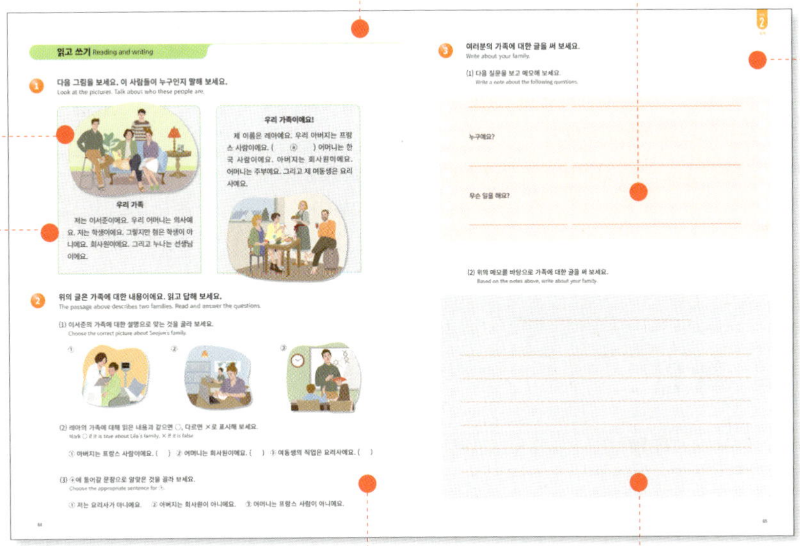

- 읽기 텍스트이다. 학습자의 수준에 맞는 다양하고 실제적인 텍스트를 제시하였다.

  This is a reading text. Various and practical texts suitable for the learners' level are presented.

- 읽기 단계이다. 읽은 내용을 확인하는 문제를 제시하여 학습자 스스로 이해도를 점검해 볼 수 있게 하였다.

  This is the reading stage. Comprehension questions are presented so that learners could check their understanding independently.

- 질문에 대해 작성한 메모를 바탕으로 글을 완성하도록 하여 과정 중심 글쓰기가 이루어지도록 구성하였다.

  Learners are guided through process-oriented writing as they complete their writing based on the notes they wrote for the questions above.

문화

Culture

- 문화는 먼저 해당 단원의 주제와 관련된 한국 문화의 내용에 대해 생각해 보게 하였다.

  The cultural section requires learners to explore Korean cultural aspects related to the topic of the unit.

- 시각 자료 및 텍스트를 보며 문화에 대해 알아보게 하였다.

  With visuals and texts, learners are able to understand the Korean culture.

- 문화에 대한 이해를 바탕으로 상호문화적인 관점에서 자신의 생각을 이야기해 보도록 하였다.

  Learners are encouraged to share their thoughts from an intercultural perspective about the Korean culture presented above.

- 문화에 대해 더 잘 이해할 수 있도록 부록에 해당 한국 문화에 대한 자세한 설명을 번역과 함께 제시하였다.

  In order to better understand the culture, a detailed explanation of the Korean culture is presented in the appendix along with the translation.

문화 Culture | 한국의 국물 음식 Korean soup

준비하기

- 다음은 한국의 된장국과 된장찌개예요. 여 음식들의 공통점은 무엇일까요?
  Below are Korean soybean paste soup and soybean paste stew. What do these foods have in common?

된장국 된장찌개

알아보기

- '국, 탕, 찌개, 전골'은 모두 국물이 있는 음식인데 국물의 양이나 끓이는 방식에서 차이가 있어요. '탕'은 '국'보다 오래 끓이기 때문에 국물이 진하고, '찌개, 전골'은 '국, 탕'보다 국물의 양이 적어요.
  국, 탕, 찌개, 전골 are all terms describing soup in Korean, but there is a difference in the amount of broth and the way it is boiled. Since 탕 is boiled longer than 국, the broth is thicker, and 찌개, 전골 have less broth than 국 and 탕.

미역국 설렁탕 순두부찌개 버섯전골

생각해 보기

- 한국 사람들이 국물 음식을 즐겨 먹는 이유는 무엇일지 이야기해 보세요.
  Talk about why Koreans enjoy eating soup.
- 한국의 국물 음식을 먹어 봤거나 먹고 싶은 음식에 대해서 이야기해 보세요.
  Talk about any Korean soup dish you have tried or want to eat.

146

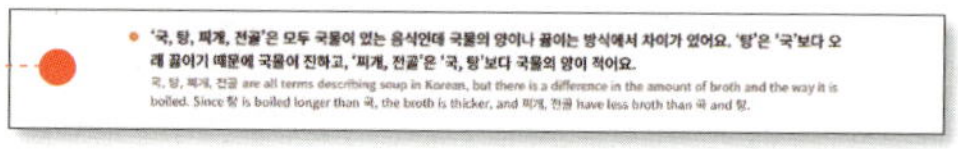

- '국, 탕, 찌개, 전골'은 모두 국물이 있는 음식인데 국물의 양이나 끓이는 방식에서 차이가 있어요. '탕'은 '국'보다 오래 끓이기 때문에 국물이 진하고, '찌개, 전골'은 '국, 탕'보다 국물의 양이 적어요.
  국, 탕, 찌개, 전골 are all terms describing soup in Korean, but there is a difference in the amount of broth and the way it is boiled. Since 탕 is boiled longer than 국, the broth is thicker, and 찌개, 전골 have less broth than 국 and 탕.

어휘와 표현 확인

Vocabulary and expressions check

- 해당 단원에서 나온 모든 신출 어휘와 표현을 번역과 함께 제시하여 학습자 스스로 의미를 확인해 보도록 구성하였다.

  All new vocabulary and expressions from the unit are presented with translations to enable learners to verify their meanings.

어휘와 표현 확인
Vocabulary and expressions check

의미를 아는 어휘나 표현에 √표 해 보세요.
Check(√) the vocabulary or expressions that you know.

1 운동화를 사고 싶어요

□ 백 hundred
□ 천 thousand
□ 만 ten thousand
□ 십만 hundred thousand
□ 백만 million
□ 천만 ten million
□ 억 hundred million
□ 지우개 eraser
□ 볼펜 ballpoint pen
□ 티셔츠 T-shirt
□ 바지 pants
□ 운동화 sneakers
□ 구두 shoes
□ 카메라 camera
□ 자동차 car
□ 얼마 how much
□ 원 won
□ 왜 why
□ 선물을 받다 to receive a present
□ 피곤하다 to be tired
□ 한복 Hanbok
□ 필요하다 to need
□ 찾다 to look for
□ 선물하다 to give a gift
□ 다음 주 next week

2 사과 다섯 개 주세요

□ 맛있다 to be delicious
□ 맛없다 to be not delicious
□ 뜨겁다 to be hot
□ 차갑다 to be cold
□ 좋다 to be good
□ 나쁘다 to be bad
□ 비싸다 to be expensive
□ 싸다 to be cheap
□ 많다 to be a lot
□ 적다 to be little
□ 크다 to be big
□ 작다 to be small
□ 사과 apple
□ 넣다 to put
□ 알겠다 I see
□ 꼭 be sure to
□ 손을 씻다 to wash hands
□ 늦다 to be late
□ 쪽 page
□ 기다리다 to wait
□ 따라오다 to follow
□ 앉다 to sit
□ 주문하다 to order
□ 맛있게 deliciously
□ 인기 상품 popular products
□ 닭고기 chicken
□ 과자 snacks
□ 또 again
□ 상품 후기 product review
□ 개 counting unit (object)
□ 권 counting unit (book)
□ 명 counting unit (people)
□ 병 counting unit (bottle)
□ 배 pear

3 식당에 자주 가요

□ 다니다 to go, to visit
□ 그다음 after that
□ 다 all
□ 양 amount
□ 가격 price
□ 괜찮다 to be okay
□ 제일 the best
□ 가구 furniture
□ 추천하다 to recommend
□ 가구점 furniture store
□ 소개하다 to introduce
□ 예쁘다 to be pretty
□ 주인 owner

147

차 례
Contents

등장인물

Characters

ELC: Ewha Language Center

1 단원 Unit

한국어와 한글
Korean language and Hangeul

예술은
삶을
예술보다
더
하는
것

1 한글 익히기 1
Learning Hangeul 1

한글 소개 Introducing Hanguel

한글은 한국 고유의 글자이다. 한글이 만들어지기 전에는 한국어를 표기할 수 있는 고유 문자가 없어 중국어의 글자인 한자를 사용하여 표기하였다. 그러나 한자로 한국어를 온전히 표기하기가 어려웠을 뿐만 아니라 일반 백성이 복잡한 한자를 익히기에 어려움이 많았다. 이를 안타깝게 여긴 조선의 4대 왕 세종대왕(1397~1450년)은 누구나 쉽게 글자를 배우고 쓸 수 있도록 1443년에 '백성을 가르치는 바른 소리'라는 의미의 '훈민정음(訓民正音)'을 창제하였다. 그리고 1910년대 초에 이 글자를 '한글'이라고 부르게 되었다. '한글'은 '큰 글'이라는 의미이다.

Koreans use their own unique alphabet called Hangeul. Before Hangeul was invented, Koreans used Chinese characters as their written language because there was no Korean writing system. However, Chinese characters could not fully convey the Korean language and were difficult to be learned by the common people. The Great King Sejong (1397~1450), the fourth monarch of the Joseon Dynasty, was troubled by the lack of literacy among the common people and invented Hunminjeongeum ("the correct sounds to educate people") in 1443 so that anyone could easily learn and write letters. These letters in the early 1910s was called 'Hangeul', which meant "the great script."

세종대왕

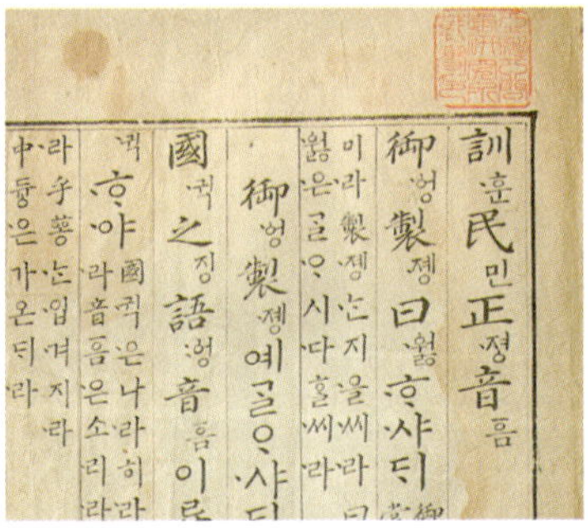

훈민정음(최초의 한글)

훈민정음은 창제 당시 모음 11자와 자음 17자로 만들어졌다. 그러나 오늘날 모음 21자와 자음 19자가 사용되고 있다. 한글은 소리를 표기하는 문자로, 자음과 모음의 결합을 통해 수천 개의 글자를 만들어 다양한 소리를 표기할 수 있다. 발음 기관의 모양을 본떠 글자를 만들고 획을 더하거나 글자를 합치는 방식으로 또 다른 글자를 만들 수 있다. 이와 같은 제자 원리로 창제된 한글은 과학적이고 독창적이어서 우수한 문자로 평가받고 있다. 한글의 제자 원리를 자세히 밝힌 '훈민정음 해례본'은 1997년 유네스코(UNESCO) 세계기록유산으로 등재되었다.

Hunminjeongeum was created with 11 vowels and 17 consonants at the time of its invention, but nowadays, 21 vowels and 19 consonants are being used. Hangeul is a phonetic language that is written according to the sounds. Through the combination of consonants and vowels, thousands of letters can be made, and various sounds can be written. The letters were made by reflecting the shapes of vocal organs, and by adding strokes or combining letters, additional sounds can be made. This principle is what makes Hangeul recognized as a scientific and original writing system with excellence. The Hunminjeongeum Haeryebon, which explains the detailed principles of creating Hangeul, was listed on the UNESCO's Memory of the World Register in 1997.

1 모음
Vowels

모음의 기본 글자인 ‘ · , ㅡ , ㅣ’은 ‘둥근 하늘, 평평한 땅, 서 있는 사람’의 모양을 본떠 만들었다. 그리고 이 세 가지 모음을 서로 조합하여 또 다른 모음을 만들었다.

The basic components of the vowels · , ㅡ , ㅣ are made from the shape of a ‘circular sky, flat ground, and a standing person’. Other vowels can also be made by combining these three components.

둥근 하늘

평평한 땅

서 있는 사람

ㅣ + · = ㅣ· ㅏ　　　ㅡ + · = ㅡ̣ ㅜ

· + ㅣ = ·ㅣ ㅓ　　　· + ㅡ = ㅡ̇ ㅗ

모음은 총 21자이며 다음과 같다.

The following are the 21 vowels.

ㅏ	ㅓ	ㅗ	ㅜ	ㅡ	ㅣ	ㅐ
ㅔ	ㅑ	ㅕ	ㅛ	ㅠ	ㅒ	ㅖ
ㅘ	ㅙ	ㅝ	ㅞ	ㅚ	ㅟ	ㅢ

2 자음
Consonants

자음은 조음 위치와 조음 방식에 따라서 발음 기관의 모양을 본떠 만들었다. 기본 자음인 'ㄱ, ㄴ, ㅁ, ㅅ, ㅇ' 5자를 바탕으로 획을 추가하거나 같은 자음을 나란히 쓰는 방식으로 다른 자음을 만들었다.

Consonants were modeled after the shape of speech organs according to their place and manner of articulation. By adding strokes to the five basic sounds (ㄱ, ㄴ, ㅁ, ㅅ, ㅇ), or doubling these consonants, additional consonants are made.

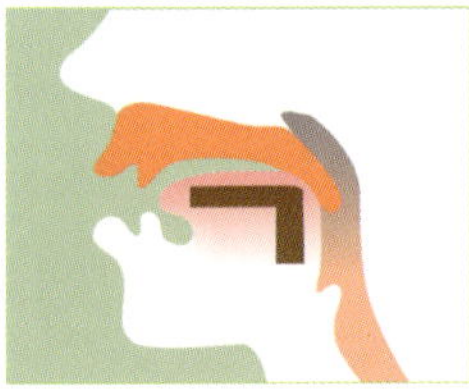

ㄱ	ㅋ	
ㄲ		

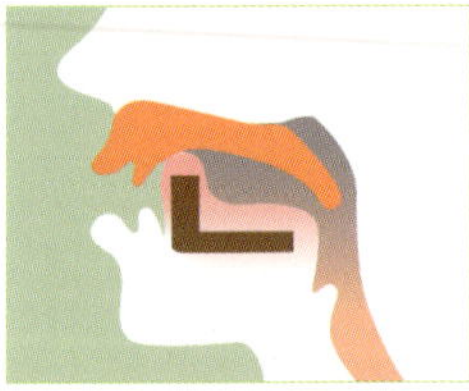

ㄴ	ㄷ	ㅌ
	ㄸ	

ㅁ	ㅂ	ㅍ
	ㅃ	

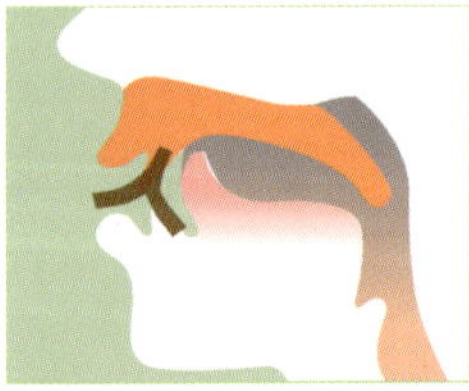

ㅅ	ㅈ	ㅊ
ㅆ	ㅉ	

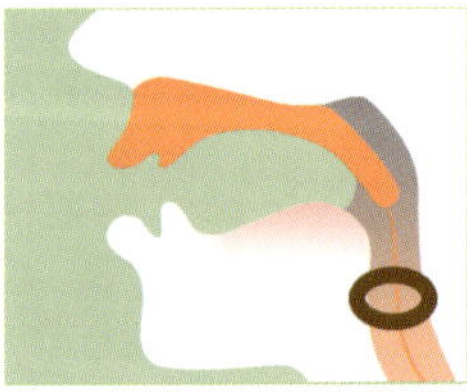

ㅇ	ㅎ	

자음은 총 19자이며 다음과 같다.

The following are the 19 consonants.

ㄱ	ㄴ	ㄷ	ㄹ	ㅁ	ㅂ	ㅅ
ㅇ	ㅈ	ㅊ	ㅋ	ㅌ	ㅍ	ㅎ
ㄲ	ㄸ	ㅃ	ㅆ	ㅉ		

3 음절의 구성
Structure of Korean syllables

한글은 음절 단위로 모아서 쓴다. 한글의 음절은 '모음, 자음+모음, 모음+자음, 자음+모음+자음' 구조로 되어 있다.

Hangeul is written in syllables. The syllables of Hangeul have a structure of vowel, consonant + vowel, vowel + consonant, consonant + vowel + consonant.

V	아	우	외	CV	나	무	귀
VC	엄	울	원	CVC	책	빵	활

음절을 구성할 때는 각 글자를 옆으로 쓰지 않고 아래 그림과 같이 모아서 써야 한다. 그리고 글자는 왼쪽에서 오른쪽, 위에서 아래 방향으로 써야 한다.

When making syllables, you should not write sideways but combine the letters together as below. And the letters have to be written from left to right, from top to bottom.

가	스	봐

음절이 자음으로 끝나는 경우에 마지막 자음을 아래쪽에 쓰며 받침이라고 부른다.

When a syllable ends with a consonant, it is called the final consonant and is written under the vowels.

한	읽	콩

모음 1 Vowels 1

글자 letter	ㅏ	ㅓ	ㅗ	ㅜ	ㅡ	ㅣ
음가 phonetic value	[a]	[ə]	[o]	[u]	[ɨ]	[i]

1 **사진의 입 모양을 보면서 듣고 따라 해 보세요.**
Look at the shape of the mouth in the picture. Listen and repeat.

1

ㅏ	ㅓ	ㅗ	ㅜ	ㅡ	ㅣ

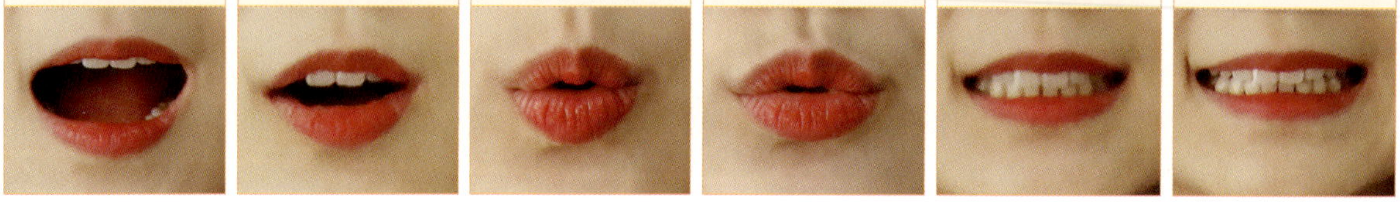

2 **읽고 써 보세요.**
Read and write the following vowels.

쓰는 순서 writing order	연습 practice				
①ㅏ②	ㅏ				
①ㅓ②	ㅓ				
①ㅗ②	ㅗ				
①ㅜ②	ㅜ				
ㅡ①	ㅡ				
ㅣ①	ㅣ				

음절 1 Syllable 1

한국어는 음절 단위로 발음한다. 모음이 단독으로 음절을 이룰 수도 있고, 모음과 자음이 결합하여 음절을 이룰 수도 있다.

Korean is pronounced in syllables. Vowels may form syllables alone, or vowels and consonants may be combined to form syllables.

수직 모음(ㅏ, ㅓ, ㅣ 등)은 자음을 왼쪽에, 수평 모음(ㅗ, ㅜ, ㅡ 등)은 자음을 위에 쓴다. 모음이 단독으로 음절을 이루는 경우 모음 앞에 소리가 없는 'ㅇ'을 붙인다.

With vertical vowels (ㅏ, ㅓ, ㅣ, etc.), consonants are written on the left, and with horizontal vowels (ㅗ, ㅜ, ㅡ, etc.), consonants are written on the top. If a vowel forms a syllable by itself, a placeholder ㅇ is added to the vowel.

ㅇ + ㅣ = 이

ㅇ + ㅜ = 우

ㅅ + ㅗ = 소

ㄹ + ㅣ = 리

3 읽고 써 보세요.

Read and write the following syllables.

음절 syllable	연습 practice				
아	아				
어	어				
오	오				
우	우				
으	으				
이	이				

4 읽어 보세요.
Read the following syllables.

(1) 아 어 오 우

(2) 오 어 아 오

(3) 어 이 아 으

(4) 으 오 어 이

(5) 우 어 으 오

(6) 이 으 아 우

5 듣고 맞는 것을 골라 보세요.
Listen and choose the correct answer.

2

(1) ① 아 ② 어

(2) ① 으 ② 이

(3) ① 오 ② 우

(4) ① 아 ② 우

(5) ① 어 ② 오

(6) ① 아이 ② 오이

6 단어를 읽고 써 보세요.
Read and write the following words.

2

이

이

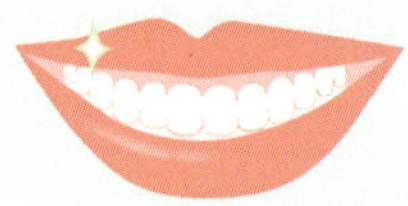

이

이

5

오

오

아이

아이

아우

아우

오이

오이

자음 1 Consonants 1

글자 letter	ㄱ	ㄴ	ㄷ	ㄹ	ㅁ	ㅂ	ㅅ	ㅇ	ㅈ	ㅎ
음가 phonetic value	[k/g]	[n]	[t/d]	[r/l]	[m]	[p/b]	[s]	[ø]	[tʃ]	[h]

1 듣고 따라 해 보세요.
Listen and repeat.

3

가 나 다 라 마 바 사 아 자 하

2 써 보세요.
Write the following consonants.

쓰는 순서 writing order	연습 practice				
ㄱ ❶	ㄱ				
❶ ㄴ	ㄴ				
❶ ❷ ㄷ	ㄷ				
❶ ❷ ❸ ㄹ	ㄹ				
❶ ❷ ❸ ㅁ	ㅁ				
❶ ❷ ❸ ❹ ㅂ	ㅂ				
❶ ❷ ㅅ	ㅅ				
❶ ㅇ	ㅇ				
❶ ❷ ㅈ	ㅈ				
❶ ❷ ❸ ㅎ	ㅎ				

3 쓰고 읽어 보세요.

Combine each consonant and vowel. Then read the syllable.

모음 vowel / 자음 consonant	ㅏ	ㅓ	ㅗ	ㅜ	ㅡ	ㅣ
ㄱ	가					
ㄴ					느	
ㄷ						
ㄹ			로			
ㅁ						
ㅂ				부		
ㅅ						
ㅇ						이
ㅈ						
ㅎ		허				

4 읽어 보세요.

Read the following syllables.

(1) 가 거 고 구

(2) 노 느 누 나

(3) 두 더 드 도

(4) 러 리 라 르

(5) 미 므 마 무

(6) 브 보 버 비

(7) 서 스 시 소

(8) 우 어 으 오

(9) 조 주 자 주

(10) 하 후 허 히

5 듣고 맞는 것을 골라 보세요.

Listen and choose the correct answer.

4

(1) ① 너 ② 러

(2) ① 구 ② 두

(3) ① 비 ② 미

(4) ① 소 ② 조

(5) ① 아 ② 하

(6) ① 느 ② 므

6 단어를 읽고 써 보세요.

Read and write the following words.

구두

구두

나무

나무

다리

다리

모자

모자

비누

비누

사자

사자

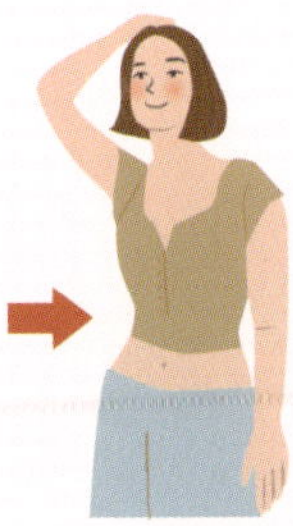

허리

허리

라디오

라디오

2 한글 익히기 2
Learning Hangeul 2

모음 2 Vowels 2

글자 letter	ㅑ	ㅕ	ㅛ	ㅠ	ㅐ	ㅒ	ㅔ	ㅖ
음가 phonetic value	[ja]	[jə]	[jo]	[ju]	[ɛ]	[jɛ]	[e]	[je]

1 듣고 따라 해 보세요.
Listen and repeat.

5

야	여	요	유	애	얘	에	예

+ 더 알아보기

'ㅐ'와 'ㅔ', 'ㅒ'와 'ㅖ'는 원래 다른 소리이지만 대부분의 한국 사람들은 차이 없이 비슷하게 발음한다.
Although strictly speaking, ㅐ and ㅔ, ㅒ and ㅖ are supposed to be different in their pronunciation, Koreans often pronounce these vowels the same in ordinary speech.

2 읽고 써 보세요.
Read and write the following vowels.

쓰는 순서 writing order	연습 practice				
ㅑ	ㅑ				
ㅕ	ㅕ				
ㅛ	ㅛ				
ㅠ	ㅠ				
ㅐ	ㅐ				
ㅒ	ㅒ				
ㅔ	ㅔ				
ㅖ	ㅖ				

3 쓰고 읽어 보세요.

Combine each consonant and vowel. Then read the syllable.

자음 consonant / 모음 vowel	ㄱ	ㅁ	ㅂ	ㅅ	ㅎ	ㅇ
ㅑ	갸					
ㅕ					혀	
ㅛ		묘				
ㅠ						
ㅐ				새		
ㅒ						
ㅔ			베			
ㅖ						예

4 읽어 보세요.

Read the following syllables.

(1) 오 요 우 유　　(2) 휴 허 헤 하

(3) 규 겨 교 갸　　(4) 매 며 뮤 메

(5) 뱌 베 뵤 배　　(6) 섀 샤 셰 셔

5 듣고 맞는 것을 골라 보세요.

Listen and choose the correct answer.

6

(1) ① 에 ② 예　　(2) ① 야 ② 여

(3) ① 냐 ② 뉴　　(4) ① 며 ② 매

(5) ① 얘기 ② 야기　　(6) ① 유리 ② 요리

6 **단어를 읽고 써 보세요.**
Read and write the following words.

야구

야구

여자

여자

요가

요가

우유

우유

얘기

얘기

노래

노래

그네

그네

시계

시계

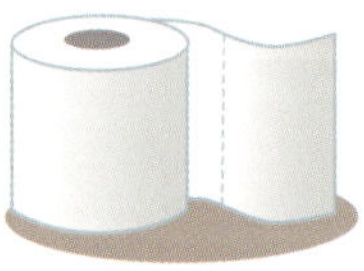

휴지

휴지

해

해

자음 2 Consonants 2

글자 letter	ㅋ	ㅌ	ㅍ	ㅊ	ㄲ	ㄸ	ㅃ	ㅆ	ㅉ
음가 phonetic value	[kʰ]	[tʰ]	[pʰ]	[tʃʰ]	[k']	[t']	[p']	[s']	[tʃ']

1 듣고 따라 해 보세요.
Listen and repeat.

7

가	다	바	사	자
카	타	파		차
까	따	빠	싸	짜

2 써 보세요.
Write the following consonants.

쓰는 순서 writing order	연습 practice				
ㅋ	ㅋ				
ㅌ	ㅌ				
ㅍ	ㅍ				
ㅊ	ㅊ				
ㄲ	ㄲ				
ㄸ	ㄸ				
ㅃ	ㅃ				
ㅆ	ㅆ				
ㅉ	ㅉ				

3 쓰고 읽어 보세요.

Combine each consonant and vowel. Then read the syllable.

모음 vowel / 자음 consonant	ㅏ	ㅓ	ㅗ	ㅜ	ㅡ	ㅣ
ㅋ	카					
ㅌ						티
ㅍ			포			
ㅊ						
ㄲ					끄	
ㄸ						
ㅃ				뿌		
ㅆ						
ㅉ		쩌				

4 읽어 보세요.

Read the following syllables.

(1) 빠 따 짜 까
(2) 초 코 포 토
(3) 쭈 추 뿌 푸
(4) 퍼 뻐 트 뜨
(5) 크 그 끄 그
(6) 띠 디 티 디

5 듣고 맞는 것을 골라 보세요.

Listen and choose the correct answer.

8

(1) ① 크다 ② 끄다
(2) ① 타다 ② 따다
(3) ① 바다 ② 파다
(4) ① 사다 ② 싸다
(5) ① 아파 ② 아빠
(6) ① 가지 ② 까치

6 단어를 읽고 써 보세요.
Read and write the following words.

코
코

커피
커피

타다
타다

치마
치마

토끼
토끼

코끼리
코끼리

머리띠
머리띠

오빠
오빠

쓰레기
쓰레기

찌개
찌개

3 한글 익히기 3
Learning Hangeul 3

모음 3 Vowels 3

글자 letter	ㅘ	ㅝ	ㅙ	ㅞ	ㅚ	ㅟ	ㅢ
음가 phonetic value	[wa]	[wə]	[wɛ]	[we]	[ö/we]	[ü/wi]	[ɨi]

1 **듣고 따라 해 보세요.**
Listen and repeat.

9

와	워	왜	웨	외	위	의

+ 더 알아보기

'ㅙ', 'ㅚ', 'ㅞ'는 원래 소리에 조금씩 차이가 있지만 대부분의 한국 사람들은 차이 없이 비슷하게 발음한다.
Although ㅙ, ㅚ and ㅞ are slightly different in their pronunciation, Koreans often pronounce these vowels with no distinction in ordinary speech.

2 **읽고 써 보세요.**
Read and write the following vowels.

쓰는 순서 writing order	연습 practice				
ㅘ	ㅘ				
ㅝ	ㅝ				
ㅙ	ㅙ				
ㅞ	ㅞ				
ㅚ	ㅚ				
ㅟ	ㅟ				
ㅢ	ㅢ				

3 쓰고 읽어 보세요.

Combine each consonant and vowel. Then read the syllable.

자음 consonant / 모음 vowel	ㅇ	ㅋ	ㅌ	ㅍ	ㅊ	ㅎ
ㅘ	와					
ㅝ						훠
ㅙ		쾌				
ㅞ				풰		
ㅚ			퇴			
ㅟ					취	
ㅢ	의					

4 읽어 보세요.

Read the following syllables.

(1) 와 워 위 의
(2) 뀌 꾀 꽈 꽤
(3) 튀 퉤 퇴 톼
(4) 솨 숴 쉐 쉬
(5) 춰 최 취 촤
(6) 휘 훼 회 희

5 듣고 맞는 것을 골라 보세요.

Listen and choose the correct answer.

10

(1) ① 의 ② 위
(2) ① 웨 ② 워
(3) ① 놔 ② 뇌
(4) ① 퀴 ② 쾌
(5) ① 뭐 ② 뫼
(6) ① 쇠 ② 쉬
(7) ① 춰 ② 췌
(8) ① 휘 ② 화

6 단어를 읽고 써 보세요.

Read and write the following words.

사과

사과

뭐

뭐

샤워

샤워

돼지

돼지

웨이터

웨이터

회사

회사

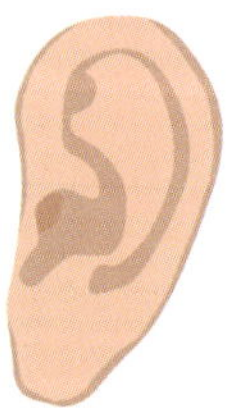

귀

귀

가위

가위

회의

회의

의자

의자

받침 Final consonants

1 다음을 듣고 따라 해 보세요.
Listen and repeat.

받침 final consonant	음가 phonetic value	예 example(s)
ㄱ ㅋ ㄲ	[k]	책, 부엌, 밖
ㄴ	[n]	눈
ㄷ, ㅌ, ㅅ, ㅆ, ㅈ, ㅊ, ㅎ	[t]	듣다, 밑, 옷, 있다, 낮, 꽃, 노랗다
ㄹ	[l]	물
ㅁ	[m]	섬
ㅂ, ㅍ	[p]	입, 앞
ㅇ	[ŋ]	강

음절 2 Syllable 2

모음의 앞뿐 아니라 모음 뒤에도 자음을 취하여 음절을 만들 수 있다. 이때 모음 뒤에 오는 자음을 받침이라고 한다.
A syllable can be made by adding consonants before or after the vowel. The consonant that comes after the vowel is called a final consonant.

받침은 모음 아래에 써야 한다.
The final consonant should be written below the vowel.

ㄱ + ㅏ + ㅂ = 갑

ㅁ + ㅗ + ㄱ = 목

2 음절을 만들어 보세요.
Make syllables.

ㅊ	ㅐ	ㄱ	⇨	책		ㅂ	ㅏ	ㄲ	⇨	
ㅇ	ㅗ	ㅅ	⇨			ㅁ	ㅣ	ㅌ	⇨	
ㄴ	ㅏ	ㅈ	⇨			ㄲ	ㅗ	ㅊ	⇨	
ㅁ	ㅜ	ㄹ	⇨			ㅅ	ㅓ	ㅁ	⇨	
ㅅ	ㅟ	ㅂ	⇨			ㄱ	ㅙ	ㄴ	⇨	
ㅇ	ㅘ	ㅇ	⇨			ㅇ	ㅝ	ㄹ	⇨	

3 읽어 보세요.
Read the following syllables.

(1) 앞 압 악 앜

(2) 낫 낮 낳 낯

(3) 받 밥 밭 방

(4) 곰 곧 공 곶

(5) 장 잔 잘 잠

(6) 억 엇 업 엉

4 듣고 맞는 것을 골라 보세요.
Listen and choose the correct answer.

12

(1) ① 갚 ② 감 ③ 강

(2) ① 산 ② 삼 ③ 상

(3) ① 말 ② 만 ③ 맛

(4) ① 밥 ② 방 ③ 밖

(5) ① 꽂 ② 꽁 ③ 꼼

(6) ① 끝 ② 끈 ③ 끔

5 단어를 읽고 써 보세요.
Read and write the following words.

책
책

한국
한국

꽃
꽃

웃다
웃다

딸기
딸기

이름
이름

옆
옆

학생
학생

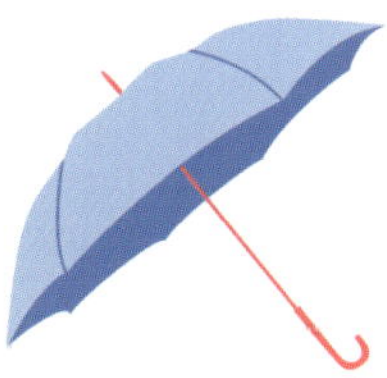

우산
우산

선생님
선생님

문장 만들기 Sentence building

아이가 자요. The baby is sleeping.

주어 subject 서술어 predicate

제이슨이 커피를 마셔요. Jason is drinking coffee.

주어 subject 목적어 object 서술어 predicate

한국어의 문장 구조 The structure of sentence in Korean language

한국어의 기본 문장 구조는 '주어 + 서술어' 또는 '주어 + 목적어 + 서술어'이다. 보통 주어 뒤에는 주격 조사 '이/가', 목적어 뒤에는 목적격 조사 '을/를'이 붙는다. 주어와 목적어의 위치가 바뀌거나 주어가 생략되는 경우도 있다.

The basic sentence structure of Korean consists of subject + predicate or subject + object + predicate. Usually, the subject is followed by the subject particle 이/가, and the object particle 을/를 is used after objects. In some cases, the positions of the subject and object are switched, or the subject is omitted.

문장의 서술어는 다양한 형태로 나타난다. 서술어에 명사가 쓰이는 경우 명사 뒤에 '이에요/예요, 입니다' 등을 사용한다. 서술어에 동사와 형용사가 오는 경우, 어간 뒤는 '-아요/어요, -습니다/ㅂ니다' 등으로 바꾸어 사용한다.

The predicate of the sentence appears in various forms. When nouns are used in predicates, 이에요/예요 comes after nouns. When verbs and adjectives come in the predicate, -아요/어요, -습니다/ㅂ니다, etc comes after the stem.

1 듣고 따라 해 보세요.
Listen and repeat the following sentences.

13

(1) 아이가 가요. The child is going.

(2) 학생이 와요. The student is coming.

(3) 리카가 빵을 먹어요. Rika is eating bread.

(4) 제이슨이 한국어를 공부해요. Jason is studying Korean.

2 쓰고 읽어 보세요.
Write and read the following sentences.

아	이	가		가	요	.
학	생	이		와	요	.

리	카	가		빵	을		먹	어	요	.

제	이	슨	이		한	국	어	를		공	부	해	요	.

3 듣고 맞는 것을 골라 보세요.
Listen and choose the correct answer.

14

(1) ① 친구가 와요. My friend is coming. ② 아이가 와요. The child is coming.

(2) ① 학생이 가요. The student is going. ② 제이슨이 자요. Jason is sleeping.

(3) ① 아이가 밥을 먹어요. The child is having a meal. ② 친구가 바나나를 먹어요. My friend is eating a banana.

(4) ① 학생이 한국어를 공부해요. The student is studying Korean. ② 제이슨이 한국어를 잘해요. Jason speaks Korean well.

4 다음 단어를 사용해서 한국어로 문장을 만들어 보세요.
Make a sentence using the given words.

(1) 학생이 / 읽어요 / 책을 The student / is reading / a book

학	생	이		책	을		읽	어	요	.			

(2) 오빠가 / 운동해요 My brother / exercises

(3) 먹어요 / 한국 사람이 / 김치를 eat / Koreans / Kimchi

(4) 학생을 / 만나요 / 선생님이 a student / meets / The teacher

인사말과 교실 표현 Greetings and classroom expressions

1 **다음은 한국어 인사말이에요. 잘 들어 보세요. 그리고 읽어 보세요.**
The following are greeting expressions in Korean. Listen carefully and read the sentences.

15

만났을 때 Saying hello

헤어질 때 Saying goodbye

고마울 때 Expressing gratitude

미안할 때 Apologizing

2 다음은 교실 표현이에요. 잘 들어 보세요. 그리고 읽어 보세요.

The following are classroom expressions. Listen carefully and read the sentences.

16

2 단원 Unit

소개
Introductions

1 이름이 뭐예요?
What is your name?

- 국적
  Vocabulary and expressions: Nationality
- N이에요/예요
  Grammar: N이에요/예요
- 자기소개에 대해 듣고 말하기
  Listening and speaking about self-introduction

* 억양
  Pronunciation: Intonation

2 제 친구는 회사원이에요
My friend is an office worker

- 직업
  Vocabulary and expressions: Jobs
- N은/는
  Grammar: N은/는
- 친구에 대해 읽고 말하기
  Reading and speaking about a friend

3 학생이 아니에요
He is not a student

- N이/가 아니에요
  Grammar: N이/가 아니에요
- 유명인에 대해 듣고 말하기
  Listening and speaking about celebrities
- 가족에 대한 글 읽고 쓰기
  Reading and writing about my family

문화 | 호칭
Culture: Address terms

1

2

3

다음 표현에 알맞은 사진을 찾아서 번호를 써 보세요.

Match the expressions with the pictures and write the number in the box.

☐ 친구예요.

☐ 가족이에요.

☐ 한국 사람이에요.

1 이름이 뭐예요?
What is your name?

어휘와 표현 Vocabulary and expressions

1 다음은 나라의 이름이에요. 어휘를 소리 내서 읽어 보세요.
Here is a list of country names. Read the names aloud.

2 다음 사람들이 어느 나라 사람인지 쓰고 말해 보세요.
Write down the nationality of each person, and read it aloud.

(1)

한국 사람

(2)

____

(3)

____

(4)

____

(5)

____

(6)

____

(7)

____

(8)

____

문법 Grammar

1 대화를 듣고 다음 질문에 알맞은 답을 골라 보세요.
Listen to the conversations. Then choose the correct answer to each question.

17

(1) 이름이 뭐예요?

① 김민지 ② 박지유

(2) 독일 사람이에요?

① 독일 사람 ② 프랑스 사람

N이에요/예요

A 이서준이에요?
B 네. 이서준이에요.

A 한국 사람이에요?
B 네. 한국 사람이에요.

A 의사예요?
B 네. 의사예요.

A 시계예요?
B 네. 시계예요.

'이에요/예요'는 명사에 붙어 그 명사가 문장의 서술어가 되게 한다. 질문과 대답에 모두 사용한다.
이에요/예요 is attached to a noun and makes that noun the predicate of the sentence. It is used for both questions and answers.

받침 ○ + 이에요 받침 × + 예요

2 질문에 알맞은 대답을 찾아 써 보세요. 그리고 맞는지 들어 보세요.
Match the questions and answers. Then listen to check your answers.

18

(1) 책이에요? ⓑ
(2) 레아예요? ______
(3) 바나나예요? ______
(4) 캐나다 사람이에요? ______
(5) 한국어 선생님이에요? ______

ⓐ 네. 레아예요.
ⓑ 네. 책이에요.
ⓒ 네. 바나나예요.
ⓓ 네. 한국어 선생님이에요.
ⓔ 아니요. 호주 사람이에요.

3 사람들의 이름과 국적을 말해 보세요.

Ask and answer questions about the names and nationalities of these people.

A 리카예요?
B 네. 리카예요.

A 일본 사람이에요?
B 네. 일본 사람이에요.

4 이름과 국적에 대해 친구들과 묻고 대답해 보세요. 그리고 친구들의 대답을 써 보세요.

Ask your classmates about their names and nationalities. Then write their answers in the chart.

A 이름이 뭐예요?
B 레아예요.

A 어느 나라 사람이에요?
B 프랑스 사람이에요.

이름이 뭐예요?	어느 나라 사람이에요?
레아예요.	프랑스 사람이에요.

듣고 말하기 Listening and speaking

1 다음은 수업 첫날의 모습이에요. 사람들이 무엇을 하는지 말해 보세요.
Below are pictures of the first day of a class. Talk about what the students are doing.

2 잘 듣고 물음에 답해 보세요.
Listen carefully and answer the questions.

19

(1) 남자와 여자의 이름으로 맞는 것을 골라 보세요.
Choose the correct name for the man and woman.

① 로건
② 리암

① 사유리
② 사토미

(2) 나티와 마린의 대화예요. 두 사람의 국적을 연결해 보세요.
Listen to the conversation between Natty and Marine. Match the nationality of each person.

① 나티 • • ⓐ 태국
② 마린 • • ⓑ 프랑스

3 교실에서 학생들이 자기소개를 해요. 잘 듣고 물음에 답해 보세요.
Listen to the conversation of students introducing themselves in the classroom and answer the questions.

20

(1) 학생의 이름과 국적으로 맞는 것을 골라 보세요
Choose the correct name and nationality of the student.

① 샤니 – 러시아 ② 브루나 – 브라질

(2) 제이슨은 어느 나라 사람이에요?
What country is Jason from?

4 다음과 같이 자기소개를 해 보세요.

Practice this conversation about introducing each other by using the words provided below.

타나펀 안녕하세요? 저는 타나펀이에요. 이름이 뭐예요?

샤오동 저는 샤오동이에요.

타나펀 샤오동 씨, 어느 나라 사람이에요?

샤오동 저는 중국 사람이에요. 타나펀 씨, 어느 나라 사람이에요?

타나펀 태국 사람이에요. 만나서 반가워요.

+ 더 알아보기

저는

자기에 대해서 말할 때 사용한다.

저는 is used when politely talking about oneself.

(1)	(2)	(3)	(4)
타나펀	다니엘	제이슨	
샤오동	브루나	리카	
중국 사람	브라질 사람	일본 사람	
태국 사람	독일 사람	미국 사람	

발음 Pronunciation

1. 잘 듣고 맞는 것에 ✓표 해 보세요.

Listen carefully and check(✓) the box with the correct answer.

21

(1) ☐ 레아예요? ☐ 레아예요.

(2) ☐ 미국 사람이에요. ☐ 미국 사람이에요?

억양 Intonation

평서문은 문장의 끝을 내리고 의문문은 문장의 끝을 올린다.

In a declarative sentence, the intonation falls at the end of the sentence and for an interrogative sentence, the intonation rises at the end of the sentence.

이름이 뭐예요? 레아 씨, 프랑스 사람이에요?

저는 박지유예요. 네. 프랑스 사람이에요.

2. 잘 듣고 따라 해 보세요.

Listen carefully and repeat the following sentences.

22

(1) 리카예요? (2) 다니엘이에요? (3) 어느 나라 사람이에요?

(4) 저는 타나펀이에요. (5) 한국어 선생님이에요. (6) 중국 사람이에요.

2 제 친구는 회사원이에요
My friend is an office worker

어휘와 표현 Vocabulary and expressions

1 **다음은 사람들의 직업이에요. 그림에 맞는 어휘를 소리 내서 읽어 보세요.**
The pictures illustrate various jobs. Match the words with the pictures. Then read them aloud.

① 가수	② 경찰	③ 기자	④ 배우
⑤ 의사	⑥ 학생	⑦ 화가	⑧ 간호사
⑨ 선생님	⑩ 요리사	⑪ 회사원	⑫ 운동선수

2 **위의 그림을 보면서 사람들의 직업이 무엇인지 친구와 묻고 대답해 보세요.**
Look at the pictures above. Ask and answer questions about what people do for a living.

가수예요?

네. 가수예요.

문법 Grammar

1 다음을 듣고 대화를 읽어 보세요. 지유의 직업이 뭐예요?

Listen and read the conversation. What does Jiyu do?

23

N은/는

A 타나펀은 어느 나라 사람이에요?
B 태국 사람이에요.

A 레아는 프랑스 사람이에요?
B 네. 레아는 프랑스 사람이에요.

A 샤오동은 학생이에요?
B 네. 샤오동은 학생이에요.

A 브루나는 간호사예요?
B 아니요. 학생이에요.

'은/는'은 명사에 붙어 그 명사가 문장에서 주제임을 나타낼 때 사용한다.
은/는 is a particle attached to a noun to make that noun the topic of the sentence.

받침 ○ + 은 　　　받침 × + 는

2 질문에 알맞은 대답을 찾아 써 보세요. 그리고 맞는지 들어 보세요.

Match the questions and answers. Then listen to check your answers.

24

(1) 이름이 뭐예요? ⓑ
(2) 형은 회사원이에요? ______
(3) 리카는 학생이에요? ______
(4) 샤오동은 중국 사람이에요? ______
(5) 지유는 어느 나라 사람이에요? ______

ⓐ 네. 학생이에요.
ⓑ 저는 조민재예요.
ⓒ 한국 사람이에요.
ⓓ 네. 중국 사람이에요.
ⓔ 아니요. 형은 의사예요.

3 학생 A와 학생 B가 되어 다음 사람들의 국적과 직업을 묻고 대답해 보세요. 그리고 빈칸에 알맞게 써 보세요. With student B, ask and answer questions about the nationalities and jobs of these people. Then fill in the blanks.

학생 B p.150 >

학생 A

(1) 다니엘	국적 : 독일 직업 : 회사원	(2) 올가	국적 : ________ 직업 : 학생
(3) 리암	국적 : 미국 직업 : ________	(4) 니차야	국적 : 태국 직업 : ________
(5) 사토미	국적 : ________ 직업 : 가수	(6) 올리버	국적 : ________ 직업 : 배우
(7) 파비앙	국적 : 프랑스 직업 : ________	(8) 리웨이	국적 : 중국 직업 : ________

A 다니엘은 어느 나라 사람이에요?

B 독일 사람이에요. 다니엘은 직업이 뭐예요?

A 회사원이에요.

4 직업에 대해 친구들과 묻고 대답해 보세요. 그리고 친구들의 대답을 써 보세요.
Ask your classmates about their jobs. Then write their answers in the chart.

A 제이슨 씨, 제이슨 씨는 직업이 뭐예요?

B 저는 영어 선생님이에요.

이름	직업이 뭐예요?
제이슨	제이슨은 영어 선생님이에요.

읽고 말하기 Reading and speaking

1 **다음 그림을 보세요. 리카의 친구들에 대해 말해 보세요.**

Look at the pictures. Describe Rika's friends.

서준은 제 친구예요. 한국 사람이에요. 학생이에요.

제 친구 소피아예요. 소피아는 우리 반 친구예요. 화가예요. 러시아 사람이에요.

친구의 이름은 사유리예요. 사유리는 제 고향 친구예요. 간호사예요.

2 **위의 글은 리카의 친구에 대한 내용이에요. 읽고 답해 보세요.**

The descriptions above are about Rika's friends. Read and answer the questions.

(1) 읽은 내용과 같으면 ○, 다르면 ×로 표시해 보세요.

Mark ○ if it is true, × if it is false.

① 서준은 화가예요. (　　　)

② 소피아는 러시아 사람이에요. (　　　)

③ 사유리는 리카의 고향 친구예요. (　　　)

(2) 사유리는 직업이 뭐예요?

What is Sayuri's job?

____

+ 더 알아보기

N의 N

명사에 붙어 뒤의 명사가 앞의 명사에 소유됨을 나타낸다. '저의'는 '제', '나의'는 '내'로 축약해서 쓴다.

의 is a particle attached to a noun to indicate that the following noun is possessed by the preceding noun. 저의 is abbreviated to 제 and 나의 is abbreviated to 내.

예) 선생님의 책이에요.
친구의 직업은 배우예요.
제 이름은 이서준이에요.

3 역할극을 해 보세요.

Do a roleplay.

(1) 타나펀과 제이슨이 친구의 사진을 보며 그 친구에 대해 이야기하고 있어요. 여러분이 타나펀과 제이슨이 되어 대화해 보세요. Thanaporn and Jason are looking at a picture and talking about Jason's friend. Roleplay as Thanaporn and Jason.

타나펀

사진 속 친구가 누구인지, 어느 나라 사람인지, 직업이 무엇인지 물어보세요.

Ask the name, nationality, and job of the friend in the picture.

제이슨

사진 속 친구에 대해 타나펀의 질문에 대답해 보세요.

Answer Thanaporn's questions.

누구예요? → 어느 나라 사람이에요? → 직업이 뭐예요?

기능 표현 직업 묻고 답하기 Asking and answering about jobs

A 직업이 뭐예요? / 무슨 일을 해요?

B 기자예요.

타나펀	누구예요?
제이슨	제 친구 에릭이에요.
타나펀	에릭은 어느 나라 사람이에요?
제이슨	미국 사람이에요.
타나펀	직업이 뭐예요?
제이슨	에릭은 기자예요.

(2) 여러분이 친구와 찍은 사진을 보여 주면서 그 친구에 대해 대화해 보세요.
Show a picture you took with your friend and talk about that friend.

3 학생이 아니에요
He is not a student

문법 Grammar

1 다음을 읽어 보세요. 형은 학생이에요? 무슨 일을 해요?
Read the following. Is John a student? What does he do?

우리 형이에요. 형의 이름은 존이에요. 형은 학생**이 아니에요**. 회사원이에요.

N이/가 아니에요

A 제이슨은 캐나다 사람이에요?
B 아니요. 제이슨은 캐나다 사람**이 아니에요**.

A 동생은 배우예요?
B 아니요. 동생은 배우**가 아니에요**.

A 누나는 회사원이에요?
B 아니요. 누나는 회사원**이 아니에요**. 의사예요.

A 선생님 이름은 최미나예요?
B 아니요. 최미나**가 아니에요**. 김민지예요.

'이/가 아니에요'는 명사에 붙어 그 명사를 부정할 때 사용한다. 'N이에요/예요'의 부정형이다.
이/가 아니에요 is attached to a noun to indicate that the noun is not the subject. It is the negative form of N이에요/예요.

받침 ○ + 이 아니에요 받침 × + 가 아니에요

2 질문에 알맞은 대답을 찾아 써 보세요. 그리고 맞는지 들어 보세요.
Match the questions and answers. Then listen to check your answers. 25

(1) 커피예요? ⓐ
(2) 호주 사람이에요? ______
(3) 한국어 책이에요? ______
(4) 제이슨은 기자예요? ______
(5) 누구예요? 친구예요? ______

ⓐ 아니요. 커피가 아니에요.
ⓑ 친구가 아니에요. 언니예요.
ⓒ 저는 호주 사람이 아니에요.
ⓓ 아니요. 한국어 책이 아니에요.
ⓔ 기자가 아니에요. 영어 선생님이에요.

3 다음을 보고 '이/가 아니에요'를 사용해서 빈칸에 써 보세요.

Look at the following pictures and write in the blanks using 이/가 아니에요.

(1)

A 오빠예요?

B 아니요. 오빠가 아니에요. 남동생이에요.

(2)

A 주스예요?

B 아니요. ______________________. 커피예요.

(3)

A 운동선수예요?

B 아니요. ______________________. 화가예요.

(4)

A 다니엘이에요?

B 아니요. ______________________. 제이슨이에요.

(5)

A 학생이에요?

B 아니요. ______________________. 선생님이에요.

4 국적과 직업에 대해 친구들과 묻고 대답해 보세요. 그리고 묻고 답한 내용을 써 보세요.

Ask your classmates' nationalities and jobs. Then write your questions and their answers in the chart.

브루나 씨, 브라질 사람이에요?

네. 브라질 사람이에요.

의사예요?

아니요. 저는 의사가 아니에요. 학생이에요.

이름	질문	대답
브루나	브라질 사람이에요?	브라질 사람이에요.
	의사예요?	의사가 아니에요. 학생이에요.

듣고 말하기 Listening and speaking

1 **다음은 유명인의 사진이에요. 이 사람들은 누구인지, 어느 나라 사람인지, 무슨 일을 하는지 말해 보세요.**
Below are pictures of celebrities. Talk about the name, nationality, and job of each person.

2 **샤오동과 지유의 대화예요. 잘 듣고 물음에 답해 보세요.**
Listen to the conversation between Xiaodong and Jiyu and answer the questions.

26

(1) 두 사람이 누구에 대해 이야기하는지 골라 보세요.
Choose the person they are talking about.

① 이유나　　　　② 김연아

(2) 들은 내용과 같으면 ○, 다르면 ×로 표시해 보세요.
Mark ○ if it is true, × if it is false.

① 운동선수예요.　(　　)　　　　② 미국 사람이에요.　(　　)

3 **타나펀과 서준의 대화예요. 잘 듣고 물음에 답해 보세요.**
Listen to the conversation between Thanaporn and Seojun and answer the questions.

27

(1) 두 사람이 이야기하는 사람의 이름과 직업에 ✓표 해 보세요.
Choose the name and job of the person they are talking about.

① 이름 : □ 봉준호　　□ 박준하
② 직업 : □ 영화배우　　□ 영화감독

(2) 이 사람은 어느 나라 사람이에요?
What country is this person from?

____

4 여러분이 소개하고 싶은 유명인에 대해 그 사람의 사진을 보여 주면서 이야기해 보세요.

Talk about the celebrities you want to introduce by showing pictures.

(1) 여러분이 소개하고 싶은 유명인의 이름, 국적, 직업을 써 보세요.

Write in the chart the names, nationalities, and jobs of the celebrities you would like to introduce.

이름	이름이 뭐예요?	어느 나라 사람이에요?	무슨 일을 해요?
제이슨	리오넬 메시예요.	아르헨티나 사람이에요.	운동선수예요.
나			
친구			

(2) 친구와 소개하고 싶은 유명인의 사진을 서로에게 보여 주면서 그 유명인에 대해 묻고 대답해 보세요. 그리고 친구의 대답을 (1)에 써 보세요. Talk about the celebrities that you and your partner want to introduce to each other by showing their pictures. Then write your partner's answers in the chart above.

A 이름이 뭐예요?
B 리오넬 메시예요.

A 어느 나라 사람이에요?
B 아르헨티나 사람이에요.

A 무슨 일을 해요?
B 운동선수예요.

(3) 3~4명씩 모이세요. (2)에서 소개받은 유명인들의 사진을 보여 주면서 그 유명인들에 대해 묻고 대답해 보세요. In groups of three to four, talk about the celebrities introduced in (2) by showing their pictures.

누구예요? | 아르헨티나 사람이에요? | 배우예요?

(4) 팀에서 소개하고 싶은 유명인을 선택해서 발표해 보세요.

Choose a celebrity you want to introduce from your group and present him/her to the class.

리오넬 메시예요. 리오넬 메시는 아르헨티나 사람이에요. 배우가 아니에요. 운동선수예요.

읽고 쓰기 Reading and writing

1 **다음 그림을 보세요. 이 사람들이 누구인지 말해 보세요.**

Look at the pictures. Talk about who these people are.

우리 가족

저는 이서준이에요. 우리 어머니는 의사예요. 저는 학생이에요. 그렇지만 형은 학생이 아니에요. 회사원이에요. 그리고 누나는 선생님이에요.

우리 가족이에요!

제 이름은 레아예요. 우리 아버지는 프랑스 사람이에요. (ⓐ) 어머니는 한국 사람이에요. 아버지는 회사원이에요. 어머니는 주부예요. 그리고 제 여동생은 요리사예요.

2 **위의 글은 가족에 대한 내용이에요. 읽고 답해 보세요.**

The passage above describes two families. Read and answer the questions.

(1) 이서준의 가족에 대한 설명으로 맞는 것을 골라 보세요.

Choose the correct picture about Seojun's family.

①

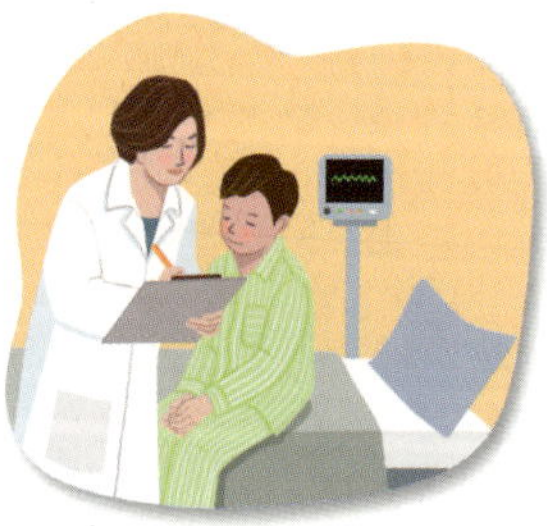

②

③

(2) 레아의 가족에 대해 읽은 내용과 같으면 ○, 다르면 ×로 표시해 보세요.

Mark ○ if it is true about Léa's family, × if it is false.

① 아버지는 프랑스 사람이에요. ( ) ② 어머니는 회사원이에요. ( ) ③ 여동생의 직업은 요리사예요. ( )

(3) ⓐ에 들어갈 문장으로 알맞은 것을 골라 보세요.

Choose the appropriate sentence for ⓐ.

① 저는 요리사가 아니에요. ② 아버지는 회사원이 아니에요. ③ 어머니는 프랑스 사람이 아니에요.

3 여러분의 가족에 대한 글을 써 보세요.

Write about your family.

(1) 다음 질문을 보고 메모해 보세요.

Write a note about the following questions.

누구예요?

무슨 일을 해요?

(2) 위의 메모를 바탕으로 가족에 대한 글을 써 보세요.

Based on the notes above, write about your family.

준비하기

- 다음 두 사람은 가족이에요. 한국에서는 가족 사이에 서로 어떻게 부를까요?
  The following two people are family members. What do they call each other?

이서준(동생) 이서연(누나)

알아보기

- 한국에서는 형제자매 중 윗사람을 부를 때 이름을 부르지 않고 '언니, 오빠, 누나, 형' 등 가족 관계를 가리키는 말을 사용해서 불러요. 그리고 아랫사람에게는 '아/야'를 사용해서 이름을 불러요.
  When Koreans refer to their older siblings, they use address terms such as 언니, 오빠, 누나, 형 rather than directly calling their names. When referring to younger siblings, they call them by adding 아/야 at the end of the name.

- 학교나 직장에서는 보통 직함을 사용해서 불러요. 동료나 아랫사람에게는 이름에 '씨'를 사용해서 부르기도 해요.
  At school or work, people usually use titles to call other people. To colleagues and subordinates, Koreans put 씨 after people's names.

생각해 보기

- 식당이나 가게에서 종업원이나 점원을 부를 때 한국어로 어떻게 부르면 좋을지 이야기해 보세요.
  How do you call the service person in a restaurant or in a shop in Korea?

- 여러분이 들었거나 써 보고 싶은 한국어의 호칭을 이야기해 보세요.
  Talk about any Korean address terms that you have heard or would like to try out.

어휘와 표현 확인

Vocabulary and expressions check

의미를 아는 어휘나 표현에 ✓표 해 보세요.

Check(✓) the vocabulary or expressions that you know.

1 이름이 뭐예요?

- □ 한국 Korea
- □ 중국 China
- □ 일본 Japan
- □ 캐나다 Canada
- □ 미국 the United States of America
- □ 브라질 Brazil
- □ 호주 Australia
- □ 태국 Thailand
- □ 말레이시아 Malaysia
- □ 인도 India
- □ 프랑스 France
- □ 독일 Germany
- □ 러시아 Russia
- □ 사람 person
- □ 이름 name
- □ 뭐 what
- □ 네 yes
- □ 책 book
- □ 의사 medical doctor
- □ 바나나 Banana
- □ 한국어 Korean language
- □ 선생님 teacher
- □ 아니요 no
- □ 어느 which, what
- □ 나라 country
- □ 씨 Mr. / Ms.

2 제 친구는 회사원이에요

- □ 가수 singer
- □ 경찰 policeman
- □ 기자 journalist
- □ 배우 actor
- □ 학생 student
- □ 화가 painter
- □ 간호사 nurse
- □ 요리사 cook
- □ 회사원 office worker
- □ 운동선수 sportsman
- □ 제 my (humble way)
- □ 친구 friend
- □ 형 older brother (for male)
- □ 영어 English
- □ 직업 occupation
- □ 우리 we, our
- □ 반 class
- □ 고향 hometown
- □ 누구 who
- □ 무슨 what
- □ 일 thing

3 학생이 아니에요

- □ 누나 older sister (for male)
- □ 동생 younger brother/sister
- □ 커피 coffee
- □ 언니 older sister (for female)
- □ 오빠 older brother (for female)
- □ 남동생 younger brother
- □ 주스 juice
- □ 영화배우 actor/actress
- □ 영화감독 film director
- □ 가족 family
- □ 어머니 mother
- □ 그렇지만 however
- □ 그리고 and
- □ 아버지 father
- □ 주부 homemaker
- □ 여동생 younger sister

3 단원 Unit

일상생활
Daily life

1 요즘 공부해요
I study these days

- 일상생활
  Vocabulary and expressions: Daily life
- A/V-아요/어요
  Grammar: A/V-아요/어요
- 일상생활에 대해 듣고 말하기
  Listening and speaking about daily life

* 연음
  Pronunciation: Liaison

2 시험이 며칠이에요?
What's the date of the exam?

- 수 ①, 날짜
  Vocabulary and expressions: Number ①, Date
- N이/가
  Grammar: N이/가
- 수업 일정에 대해 읽고 말하기
  Reading and speaking about the class schedule

3 한국어를 배워요
I am learning Korean

- N을/를
  Grammar: N을/를
- 한국 생활에 대해 듣고 말하기
  Listening and speaking about life in Korea
- 한국 생활에 대한 글 읽고 쓰기
  Reading and writing about life in Korea

문화 | 유용한 전화번호
Culture: Useful phone numbers to know

1

2

3

다음 표현에 알맞은 사진을 찾아서 번호를 써 보세요.

Match the expressions with the pictures and write the number in the box.

- ☐ 한국 생활은 어때요?
- ☐ 요즘 잘 지내요.
- ☐ 시험은 오늘이에요.

1 요즘 공부해요
I study these days

어휘와 표현 Vocabulary and expressions

1 **다음은 사람들이 일상생활에서 하는 행동이에요. 그림에 맞는 어휘를 소리 내서 읽어 보세요.**
The pictures illustrate daily actions. Match the words with the pictures. Then read them aloud.

① 봐요	② 자요	③ 놀아요	④ 마셔요
⑤ 만나요	⑥ 먹어요	⑦ 배워요	⑧ 쉬어요
⑨ 읽어요	⑩ 입어요	⑪ 공부해요	⑫ 운동해요

2 **위의 그림을 보면서 사람들이 무엇을 하는지 친구와 묻고 대답해 보세요.**
Look at the pictures above. Ask and answer questions about what people are doing.

뭐 해요?

봐요.

문법 Grammar

1 대화를 듣고 다음 질문에 알맞은 답을 골라 보세요.
Listen to the conversations. Then choose the correct answer to each question.

28

(1) 지금 뭐 해요?

① 마셔요　② 쉬어요

(2) 공부해요?

① 공부해요　② 운동해요

A/V-아요/어요

A 한국어 수업은 재미있어요?
B 네. 재미있어요.

A 타나펀 씨는 자요?
B 네. 자요.

A 아이는 잘 놀아요?
B 네. 잘 놀아요.

A 지유 씨, 지금 뭐 해요?
B 공부해요.

'-아요/어요'는 형용사, 동사에 붙어 동작이나 상태를 질문하고 대답할 때 사용한다. 비격식적인 상황에서 주로 사용된다.
-아요/어요 is attached to an adjective or a verb to ask and answer about actions or states in informal situations.

ㅏ, ㅗ + 아요　　ㅏ, ㅗ 외의 모음 + 어요　　하다 → 해요

2 질문에 알맞은 대답을 찾아 써 보세요. 그리고 맞는지 들어 보세요.
Match the questions and answers. Then listen to check your answers.

29

(1) 읽어요? ___ⓐ___
(2) 지금 만나요? ______
(3) 동생은 자요? ______
(4) 누나는 뭐 해요? ______
(5) 한국 생활은 어때요? ______

ⓐ 네. 읽어요.
ⓑ 재미있어요.
ⓒ 네. 지금 만나요.
ⓓ 누나는 운동해요.
ⓔ 아니요. 동생은 공부해요.

3 사람들이 지금 무엇을 하는지 말해 보세요.

Ask and answer questions about what people are doing.

(1) 가다

(2) 보다

(3) 쓰다

(4) 입다

(5) 일하다

(6) 이야기하다

A 가요?

B 네. 가요.

+ 더 알아보기

으 탈락

어간이 모음 'ㅡ'로 끝나는 동사나 형용사에 '-아-/어-'로 시작하는 어미가 오면 어간의 'ㅡ'가 탈락한다.

When the stem of an adjective or verb ends in ㅡ and is followed by an ending that starts with -아-/어-, then ㅡ of the stem is omitted.

예) 레아가 써요.
다니엘이 바빠요.

4 친구가 몸으로 표현하는 동작을 보고 지금 무엇을 하는지 묻고 대답해 보세요. 그리고 대답을 써 보세요.

Look at the body gestures of your partner and guess what he/she is doing now. Then write your guesses in the chart.

A 지금 뭐 해요?

B 지금 마셔요.

지금 뭐 해요?
지금 마셔요.

듣고 말하기 Listening and speaking

1 **다음은 사람들의 일상생활이에요. 사람들이 요즘 무엇을 하는지, 그 일이 어떤지 말해 보세요.**
Look at the pictures below. Talk about what people do these days and what it is like.

2 **잘 듣고 물음에 답해 보세요.**
Listen carefully and answer the questions.

30

(1) 샤니와 레아의 대화예요. 레아와 리카가 무엇을 하는지 골라 보세요.
Listen to the conversation between Shani and Léa. Choose what Léa and Rika are doing.

① 

② 

③ 

(2) 서준과 타나펀의 대화예요. 타나펀의 한국 생활에 대해 맞지 <u>않는</u> 것을 골라 보세요. Listen to the conversation between Seojun and Thanaporn. Choose the false statement about Thanaporn's life in Korea.

① 바빠요. ② 힘들어요. ③ 재미있어요.

3 **브루나와 다니엘의 대화예요. 잘 듣고 물음에 답해 보세요.**
Listen to the conversation between Bruna and Daniel and answer the questions.

31

(1) 다니엘에 대해 들은 내용과 같으면 ○, 다르면 ×로 표시해 보세요.
Mark ○ if it is true about Daniel, × if it is false.

① 요즘 잘 지내요. (   ) ② 일은 조금 힘들어요. (   )

(2) 브루나는 요즘 뭐 해요?
What is Bruna doing these days?

4 다음과 같이 일상생활에 대해 대화해 보세요.

Practice this conversation about daily life by using the words provided below.

샤오동 요즘 잘 지내요?
타나펀 네. 잘 지내요. 전 요즘 한국어 공부해요.
샤오동 그래요? 공부는 어때요?
타나펀 재미있어요.

(1) 한국어 공부하다	(2) 운동하다	(3) 일하다	(4) ______
공부	운동	일	______
재미있다	힘들다	바쁘다	______

발음 Pronunciation

1. 잘 듣고 맞는 것에 ✓표 해 보세요.

Listen carefully and check(✓) the box with the correct answer.

32

(1) 독일 [□ 독일, □ 도길]
(2) 외국인 [□ 외국인, □ 외구긴]
(3) 선생님은 [□ 선생니믄, □ 선생님은]
(4) 사람이에요 [□ 사라미에요, □ 사람이에요]

연음 Liaison

받침이 있는 음절 뒤에 모음으로 시작하는 음절이 올 때 앞 음절의 받침은 뒤 음절의 첫소리로 발음한다.

When a syllable ends with a final consonant and is followed by a syllable that starts with a vowel, the final consonant of the preceding syllable is pronounced as the initial sound of the following syllable.

한국어 [한구거]　　이름이 [이르미]　　재미있어요 [재미이써요]

2. 잘 듣고 따라 해 보세요.

Listen carefully and repeat the following sentences.

33

(1) 꽃이에요.
(2) 공책이에요.
(3) 옷이 아니에요.
(4) 저는 회사원이에요.
(5) 요즘 힘들어요.
(6) 아이는 잘 먹어요.

2 시험이 며칠이에요?
What's the date of the exem?

어휘와 표현 Vocabulary and expressions

1 **다음은 숫자예요. 숫자를 소리 내서 읽어 보세요.**
Below are numbers in Korean. Read the numbers aloud.

0	1	2	3	4	5	6	7	8	9	10
공 영	일	이	삼	사	오	육	칠	팔	구	십

11	12	13	14	15	16	17	18	19	20
십일	십이	십삼	십사	십오	십육	십칠	십팔	십구	이십

2 **달력을 보고 날짜를 읽어 보세요.**
Look at the calendars and read the dates.

①	②	③	④	⑤	⑥
1 Jan.	2 Feb.	3 Mar.	4 Apr.	5 May	6 Jun.
1	5	7	10	12	16

⑦	⑧	⑨	⑩	⑪	⑫
7 Jul.	8 Aug.	9 Sep.	10 Oct.	11 Nov.	12 Dec.
19	23	26	28	30	31

① 일월 일일 ② 이월 오일 ③ 삼월 칠일 ④ 사월 십일
⑤ 오월 십이일 ⑥ 유월 십육일 ⑦ 칠월 십구일 ⑧ 팔월 이십삼일
⑨ 구월 이십육일 ⑩ 시월 이십팔일 ⑪ 십일월 삼십일 ⑫ 십이월 삼십일일

3 **위의 달력을 보면서 날짜를 친구와 묻고 대답해 보세요.**
Look at the calendars above. Ask and answer questions about the dates.

며칠이에요?

일월 일일이에요.

문법 Grammar

1 다음을 듣고 대화를 읽어 보세요. 시험은 며칠이에요?

Listen and read the conversation. What is the date of the exam?

34

N이/가

A 오늘이 생일이에요?

B 네. 오늘이 생일이에요.

A 책이 재미있어요?

B 아니요. 재미없어요.

A 레아가 지금 자요?

B 네. 자요.

A 전화번호가 뭐예요?

B 010-0726-4855예요.

'이/가'는 명사에 붙어 그 명사가 문장의 주어임을 나타낸다. '저, 나'가 '가'와 함께 쓰이면 '제가, 내가'로 바뀐다.

이/가 is a particle attached to a noun to make that noun the subject of the sentence. When 저 or 나 is used with 가, it changes to 제가 or 내가.

받침 ○ + 이 받침 × + 가

2 질문에 알맞은 대답을 찾아 써 보세요. 그리고 맞는지 들어 보세요.

Match the questions and answers. Then listen to check your answers.

35

(1) 언니가 의사예요? ⓓ

(2) 친구 이름이 뭐예요? ______

(3) 리카가 요즘 바빠요? ______

(4) 한국어 수업이 어때요? ______

(5) 2월 26일이 시험이에요? ______

ⓐ 네. 바빠요.

ⓑ 이서준이에요.

ⓒ 수업이 재미있어요.

ⓓ 아니요. 오빠가 의사예요.

ⓔ 아니요. 2월 27일이 시험이에요.

3 달력을 보고 12월 일정을 말해 보세요

Look at the calendar below. Ask and answer questions about the schedule for December.

12 DEC.

일요일	월요일	화요일	수요일	목요일	금요일	토요일
28	29	30	1	2	3 (1) 오늘	4
5 (2) 생일	6	7	8	9	10	11
12	13	14 (3) 기말시험	15	16	17	18
19	20	21	22	23	24	25 (4) 크리스마스
26	27	28	29	30 (5) 문화 수업	31	1

A 오늘이 며칠이에요?

B 12월 3일이에요. 금요일이에요.

4 생일과 전화번호에 대해 친구들과 묻고 대답해 보세요. 그리고 친구들의 대답을 써 보세요.

Ask your classmates about their birthdays and phone numbers. Then write their answers in the chart.

리카 씨, 생일이 며칠이에요?

11월 12일이에요.

리카 씨, 전화번호가 뭐예요?

010-0726-4855예요.

이름	생일이 며칠이에요?	전화번호가 뭐예요?
리카	생일이 11월 12일이에요.	전화번호가 010-0726-4855예요.

읽고 말하기 Reading and speaking

1 다음 사진을 보세요. 이번 학기에 무슨 일정이 있는지 말해 보세요.

Look at the picture. Talk about the class schedule for this semester.

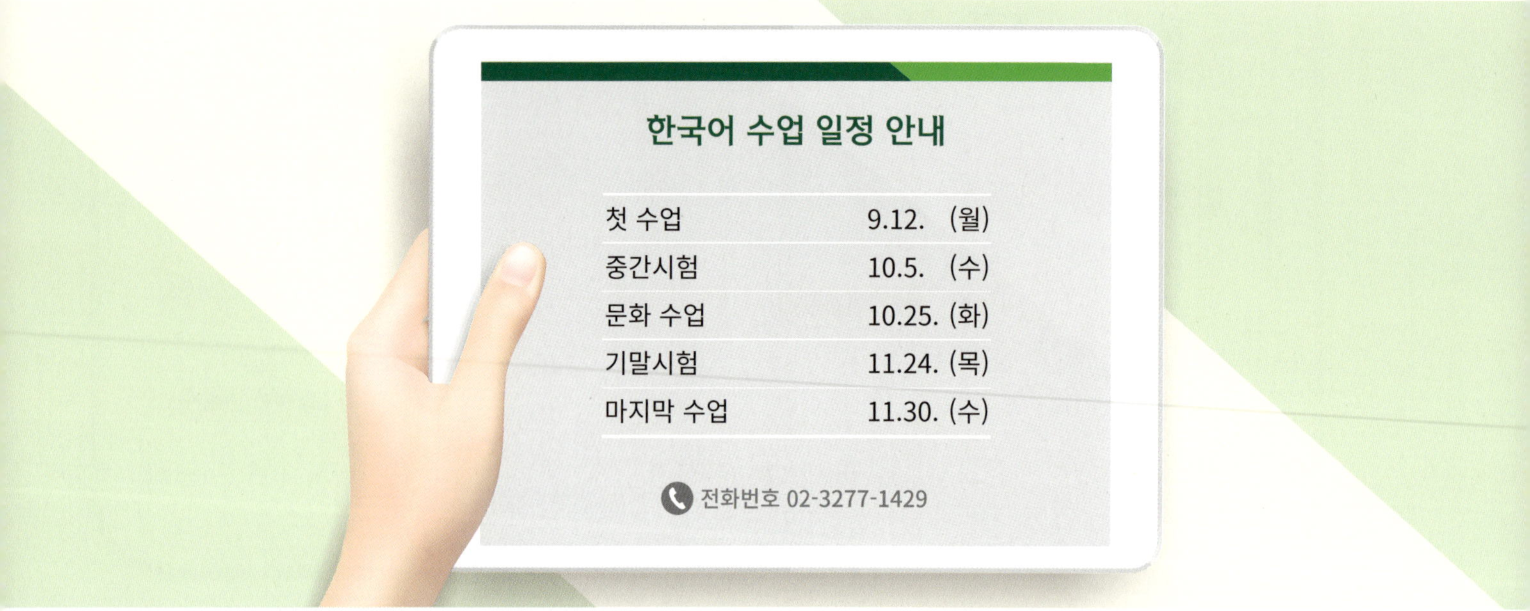

2 위의 글은 이번 학기 한국어 수업 일정에 대한 내용이에요. 읽고 답해 보세요.

The schedule of Korean language class is listed above. Read and answer the questions.

(1) 수업 일정으로 맞지 않는 것을 골라 보세요.

Choose the false statement about the class schedule.

① 첫 수업이 구월 십이일이에요. 월요일이에요.

② 중간시험이 시월 오일이에요. 수요일이에요.

③ 문화 수업이 시월 십오일이에요. 화요일이에요.

(2) 빈칸에 알맞은 문장을 써 보세요.

Fill in the blanks.

기말시험이 며칠이에요?

① ______________________.

② 마지막 수업이 ______________?

11월 30일, 수요일이에요.

3 역할극을 해 보세요.

Do a roleplay.

(1) 샤오동과 레아가 한국어 수업 일정에 대해 이야기하고 있어요. 여러분이 샤오동과 레아가 되어 대화해 보세요.
Xiaodong and Léa are talking about the Korean class schedule. Roleplay as Xiaodong and Léa.

샤오동

시험이 언제인지, 문화 수업이 언제인지 물어보세요.

Ask about the exam date and the start of the culture class.

레아

시험과 문화 수업 일정에 대해서 샤오동의 질문에 대답해 보세요.

Answer Xiaodong's questions.

시험이 며칠이에요? → 시험이 무슨 요일이에요? → 문화 수업이 언제예요?

기능 표현 날짜 묻고 답하기 Asking and answering the date

A 시험이 며칠이에요? / 시험이 언제예요?

B 4월 6일이에요.

샤오동	한국어 시험이 며칠이에요?
레아	4월 6일이에요.
샤오동	무슨 요일이에요?
레아	목요일이에요.
샤오동	문화 수업이 언제예요?
레아	5월 12일, 금요일이에요.

(2) 시험, 문화 수업 등 여러분의 이번 학기 일정에 대해 대화해 보세요.
Talk about your schedule for this semester, including exams, culture classes, and so on.

3 한국어를 배워요
I am learning Korean

문법 Grammar

1 **다음을 읽어 보세요. 이 사람은 무슨 음식을 좋아해요?**
Read the following. What kind of food does this person like to eat?

저는 한국 음식을 좋아해요. 김밥을 좋아해요. 그래서 요즘 김밥을 많이 먹어요.

N을/를

A 리카가 지금 책을 읽어요?
B 아니요. 텔레비전을 봐요.

A 타나펀이 무엇을 마셔요?
B 타나펀이 주스를 마셔요.

A 동생이 뭐 해요?
B 밥을 먹어요.

A 제이슨 씨, 오늘 친구를 만나요?
B 네. 친구를 만나요.

'을/를'은 명사에 붙어 주어의 행위가 미친 직접적인 대상을 나타낸다. 문장의 목적어임을 나타낼 때 사용한다.
을/를 is a particle attached to a noun to make that noun the direct object of the sentence.

받침 ○ + 을

받침 × + 를

2 **질문에 알맞은 대답을 찾아 써 보세요. 그리고 맞는지 들어 보세요.**
Match the questions and answers. Then listen to check your answers.

36

(1) 책을 좋아해요? ⓑ
(2) 주스를 마셔요? ______
(3) 오늘 오빠를 만나요? ______
(4) 지금 드라마를 봐요? ______
(5) 요즘 한국어를 배워요? ______

ⓐ 네. 드라마를 봐요.
ⓑ 네. 책을 좋아해요.
ⓒ 네. 한국어를 공부해요.
ⓓ 아니요. 동생을 만나요.
ⓔ 아니요. 커피를 마셔요.

3 다음을 보고 '을/를'을 사용해서 빈칸에 써 보세요.

Look at the following pictures and write in the blanks using 을/를.

(1)

A 레아가 뭘 좋아해요?

B 레아가 바나나를 좋아해요.

(2)

A 샤오동이 뭘 써요?

B 샤오동이 ____________________.

(3)

A 리카가 무엇을 읽어요?

B 리카가 ____________________.

(4)

A 브루나가 지금 뭐 해요?

B 브루나가 ____________________.

(5)

A 제이슨이 오늘 누구를 만나요?

B 제이슨이 ____________________.

+ 더 알아보기

무엇을, 뭘, 뭐

'뭘'은 '무엇을'이 줄어든 말이며 '뭐'로도 쓸 수 있다.

뭘 is a contracted form of 무엇을 and it can be replaced with 뭐.

예) 뭘 좋아해요?
지금 뭐 해요?

4 좋아하는 음식에 대해 친구들과 묻고 대답해 보세요. 그리고 친구들의 대답을 써 보세요.

Ask your classmates about their favorite foods. Then write their answers in the chart.

다니엘 씨, 무슨 음식을 좋아해요?

저는 스파게티를 좋아해요.

이름	무슨 음식을 좋아해요?
다니엘	스파게티를 좋아해요.

듣고 말하기 Listening and speaking

1 **다음은 사람들의 한국 생활 모습이에요. 사람들이 한국에서 무엇을 하는지 말해 보세요.**
Look at the pictures below. Talk about what these people do in Korea.

2 **타나펀과 샤오동의 대화예요. 잘 듣고 물음에 답해 보세요.**
Listen to the conversation between Thanaporn and Xiaodong and answer the questions.

37

(1) 샤오동이 한국에서 요즘 무엇을 하고 있는지 골라 보세요.
Choose what Xiaodong is doing in Korea these days.

①

②

③

(2) 타나펀은 요즘 무엇을 해요?
What does Thanaporn do these days?

3 **교실에서 브루나가 발표해요. 잘 듣고 물음에 답해 보세요.**
Bruna is giving a presentation in the classroom. Listen and answer the questions.

38

(1) 브루나가 무엇에 대해 이야기하는지 골라 보세요.
Choose what Bruna is talking about.

① 한국 생활 ② 한국어 수업 ③ 고향 친구

(2) 브루나에 대해 들은 내용과 같으면 ○, 다르면 ×로 표시해 보세요.
Mark ○ if it is true about Bruna, × if it is false.

① 한국 음식을 좋아해요. ( ) ② 친구의 이름은 지유예요. ( ) ③ 요즘 한국 요리를 배워요. ( )

4 친구들이 한국에서 무엇을 하는지 맞혀 보세요.

Guess what your classmates are doing in Korea these days.

(1) 요즘 여러분이 한국에서 무엇을 하는지 종이에 써 보세요.

Write about your activities during your leisure time in Korea these days on a separate piece of paper.

(2) 3~4명씩 모이세요. 자기가 쓴 것을 몸짓으로 표현해 보세요. 그리고 다른 친구들은 그것을 맞혀 보세요.

In groups of three to four, express what you wrote with body gestures. Then let other students in your group guess what it is.

(3) 팀에서 두 개를 선택해 보세요. 그리고 그것을 반 친구들 앞에서 몸짓으로 표현하고 다른 팀은 맞혀 보세요.

Choose two actions from your group. Then express them with gestures in front of your classmates and let the other group guess what it is.

읽고 쓰기 Reading and writing

1 다음 사진을 보세요. 제이슨과 브루나가 한국에서 무엇을 하는지 말해 보세요.
Look at the pictures. Talk about what Jason and Bruna do in Korea.

Jason

ⓐ

저는 한국어를 공부해요. 한국어 수업이 재미있어요. 그리고 저는 영어 선생님이에요. 그래서 한국 생활이 바빠요.

#한국어#배워요#바빠요

Bruna

ⓑ

저는 우리 반 친구들을 많이 만나요. 우리는 같이 공부해요. 그리고 밥을 같이 먹어요. 우리 반 친구들은 재미있어요. 그래서 (Ⓐ)

#친구#좋아해요#재미있어요

2 위의 글은 한국 생활에 대한 내용이에요. 읽고 답해 보세요.
The passage above is about life in Korea. Read and answer the questions.

(1) ⓐ, ⓑ에 들어갈 사진을 알맞게 연결해 보세요. Connect the picture that fits ⓐ, ⓑ.

① ⓐ •　　　　•

② ⓑ •　　　　•

(2) Ⓐ에 들어갈 문장으로 알맞은 것을 골라 보세요. Choose the appropriate sentence for Ⓐ.

① 우리 반 친구들이 바빠요.　② 우리 반 친구들이 힘들어요.　③ 우리 반 친구들을 좋아해요.

(3) 질문에 알맞은 답을 써 보세요. Write your answers to the questions.

① 제이슨의 한국 생활은 어때요? ______________________

② 브루나의 친구들은 어때요? ______________________

3 여러분의 한국 생활에 대한 글을 써 보세요.

Write about your life in Korea.

(1) 다음 질문을 보고 메모해 보세요.

Write a note about the following questions.

무엇을 좋아해요?

요즘 무엇을 해요?

한국 생활이 어때요?

(2) 위의 메모를 바탕으로 한국 생활에 대한 글을 써 보세요.

Based on the notes above, write about your life in Korea.

준비하기

- 다음은 한국에서 도움이 필요할 때 이용하는 전화번호예요. 언제 이 번호로 전화를 할까요?
  Below are phone numbers to use when you need help in Korea. When can we call these numbers?

알아보기

- 112는 위험한 상황이 발생했을 때 경찰에게 도움을 요청할 수 있는 전화번호예요. 119는 불이 났거나 응급 상황이 발생했을 때 도움을 받을 수 있는 전화번호예요.
  112 is the phone number you can use to request help from the police when you find yourself in a dangerous situation. 119 is the phone number you can call to receive assistance in case of a fire or an emergency.

- 1330은 한국 여행에 대한 다양한 정보를 제공해 주는 전화번호예요. 1339는 질병이나 감염병에 대해 상담받을 수 있는 전화번호예요.
  To obtain various travel information about Korea, you can call 1330. If you need consultation regarding diseases, you can call 1339.

생각해 보기

- 어떤 정보를 제공해 주는 전화번호가 있으면 좋을지 이야기해 보세요.
  Talk about additional phone numbers you would like to know to get useful information.

- 한국에서 위의 전화번호로 전화를 해 본 적이 있는지 이야기해 보세요.
  Talk about whether you have ever called the phone numbers above in Korea.

어휘와 표현 확인
Vocabulary and expressions check

의미를 아는 어휘나 표현에 ✓표 해 보세요.
Check(✓) the vocabulary or expressions that you know.

1 요즘 공부해요

- □ 보다 to look
- □ 자다 to sleep
- □ 놀다 to play
- □ 마시다 to drink
- □ 만나다 to meet
- □ 먹다 to eat
- □ 배우다 to learn
- □ 쉬다 to take a rest
- □ 읽다 to read
- □ 입다 to wear, to put on
- □ 공부하다 to study
- □ 운동하다 to exercise
- □ 하다 to do
- □ 수업 class
- □ 재미있다 to be fun
- □ 아이 child
- □ 잘 well
- □ 지금 now
- □ 생활 life
- □ 어때요 how is it
- □ 가다 to go
- □ 쓰다 to write
- □ 일하다 to work
- □ 이야기하다 to talk
- □ 바쁘다 to be busy
- □ 힘들다 to be hard
- □ 요즘 nowadays
- □ 지내다 to live, to spend
- □ 조금 a little

2 시험이 며칠이에요?

- □ 일 one
- □ 이 two
- □ 삼 three
- □ 사 four
- □ 오 five
- □ 육 six
- □ 칠 seven
- □ 팔 eight
- □ 구 nine
- □ 십 ten
- □ 십일 eleven
- □ 십이 twelve
- □ 며칠 what date
- □ 월 month
- □ 일 day
- □ 시험 examination
- □ 생일 birthday
- □ 재미없다 to be boring
- □ 전화번호 phone number
- □ 월요일 Monday
- □ 화요일 Tuesday
- □ 수요일 Wednesday
- □ 목요일 Thursday
- □ 금요일 Friday
- □ 토요일 Saturday
- □ 일요일 Sunday
- □ 오늘 today
- □ 문화 culture
- □ 첫 first
- □ 마지막 last
- □ 언제 when

3 한국어를 배워요

- □ 음식 food
- □ 김밥 kimbap
- □ 좋아하다 to like
- □ 많이 a lot
- □ 텔레비전 television
- □ 밥 meal, rice
- □ 무엇 what
- □ 드라마 drama
- □ 요리 cooking
- □ 같이 together
- □ 그래서 so

4 단원 Unit

물건과 장소
Objects and places

1 이 책이 한국어 책이에요?
Is this a Korean language book?

- 물건 ①
  Vocabulary and expressions: Objects ①
- 이, 그, 저 N
  Grammar: 이, 그, 저 N
- 물건에 대해 듣고 말하기
  Listening and speaking about objects

* 경음화 ①
  Pronunciation: Tensification ①

2 가방이 책상 위에 있어요
The bag is on the desk

- 위치, 가구
  Vocabulary and expressions: Location, Furniture
- N에(위치)
  Grammar: N에(location)
- 물건의 위치에 대해 읽고 말하기
  Reading and speaking about location of an object

3 거실과 주방이 있어요
There's a living room and a kitchen

- N과/와, N하고
  Grammar: N과/와, N하고
- 집에 대해 듣고 말하기
  Listening and speaking about a house
- 고향 집에 대한 글 읽고 쓰기
  Reading and writing about hometown

문화 | 외래어
Culture: Loanwords

1

2

3

다음 표현에 알맞은 사진을 찾아서 번호를 써 보세요.

Match the expressions with the pictures and write the number in the box.

- ☐ 집이 공원 근처예요.
- ☐ 책이 있어요.
- ☐ 학생 식당이 어디예요?

1 이 책이 한국어 책이에요?
Is this a Korean language book?

어휘와 표현 Vocabulary and expressions

1 **다음은 여러 가지 물건이에요. 그림에 맞는 어휘를 소리 내서 읽어 보세요.**
The picture illustrates various objects. Match the words with the picture. Then read them aloud.

① 가방	② 공책	③ 모자	④ 시계
⑤ 안경	⑥ 연필	⑦ 지갑	⑧ 필통
⑨ 의자	⑩ 책상	⑪ 컴퓨터	⑫ 휴대 전화

2 **위의 그림을 보면서 이 물건이 무엇인지 친구와 묻고 대답해 보세요.**
Ask and answer questions about the objects in the picture above.

뭐예요?

가방이에요.

문법 Grammar

1 대화를 듣고 다음 질문에 알맞은 답을 골라 보세요.

Listen to the conversations. Then choose the correct answer to each question.

39

(1) 한국어 책이에요?

(2) 누구예요?

이, 그, 저 N

A 뭐예요?
B **이것**은 지갑이에요.

A **그** 사람은 누구예요?
B 샤오둥이에요.

A **이** 가방이 레아 씨 가방이에요?
B 네. **그** 가방이 제 가방이에요.

A **저것**은 누구 책상이에요?
B 선생님 책상이에요.

'이, 그, 저'는 명사 앞에 붙어 그 명사를 지시할 때 사용한다. '이'는 말하는 사람에게 가까이 있는 대상을 가리킬 때 사용하며, '그'는 듣는 사람에게 가까이 있는 대상을 가리킬 때 사용한다. '저'는 말하는 사람과 듣는 사람에게 멀리 있는 대상을 가리킬 때 사용한다. 사물을 가리킬 때는 '이것, 그것, 저것'으로 쓸 수 있다.

이, 그, 저 are demonstrative adjectives used before the noun to indicate an object. 이 is used when the object is closer to the speaker, while 그 is used when it is closer to the listener from the perspective of the speaker. 저 is used when the object is far away from both the speaker and the listener. When referring to an object, 것 is used after 이, 그, 저.

2 질문에 알맞은 대답을 찾아 써 보세요. 그리고 맞는지 들어 보세요.

Match the questions and answers. Then listen to check your answers.

40

(1) 누가 레아예요? ⓑ
(2) 이 컴퓨터가 좋아요? ______
(3) 저 사람은 학생이에요? ______
(4) 그것은 누구 가방이에요? ______
(5) 이 안경은 누구 안경이에요? ______

ⓐ 친구 가방이에요.
ⓑ 이 사람이 레아예요.
ⓒ 네. 그 컴퓨터가 좋아요.
ⓓ 이 안경은 제 안경이에요.
ⓔ 아니요. 저 사람은 선생님이에요.

3 물건의 위치에 대해 말해 보세요

Ask and answer questions about the location of the objects.

A 다니엘 씨, 이것은 뭐예요?
B 그것은 모자예요.

A 그것은 뭐예요?
B 이것은 연필이에요.

A 저것은 뭐예요?
B 저것은 휴대 전화예요.

4 교실에 있는 물건에 대해 친구와 묻고 대답해 보세요. 그리고 묻고 답한 내용을 써 보세요.

Ask your partner about the objects in the classroom. Then write your questions and his/her answers in the chart.

A 리카 씨, 저 공책이 누구 공책이에요?
B 저것은 레아 씨 공책이에요.

질문	대답
저 공책이 누구 공책이에요?	저것은 레아 씨 공책이에요.

듣고 말하기 Listening and speaking

1 다음은 학교예요. 학교에 무엇이 있는지 말해 보세요.
Below is a map of the school campus. Talk about the school facilities.

2 잘 듣고 물음에 답해 보세요.
Listen carefully and answer the questions.

41

(1) 레아가 가방에 대해 이야기해요. 가방에 들어 있는 물건으로 맞는 것을 골라 보세요.
Léa describes what is inside her bag. Choose the items in her bag.

① 안경, 공책, 연필　　② 지갑, 안경, 공책　　③ 지갑, 안경, 휴대 전화

(2) 제이슨과 리카의 대화예요. 리카의 모자로 맞는 것을 골라 보세요.
Listen to the conversation between Jason and Rika. Choose the one that matches Rika's hat.

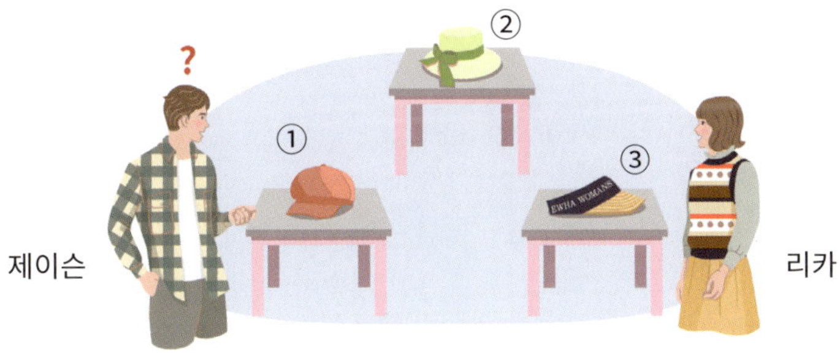

3 샤니와 다니엘의 대화예요. 잘 듣고 물음에 답해 보세요.
Listen to the conversation between Shani and Daniel and answer the questions.

42

(1) 두 사람이 어디에 있는지 골라 보세요.
Where are they?

① 학생 식당　　② 도서관　　③ 기숙사

(2) 두 사람이 이야기하는 '저 건물'은 뭐예요?
What is 'that building' they are referring to?

4 다음과 같이 장소와 물건에 대해 대화해 보세요.

Practice this conversation about places and objects by using the words provided below.

레아　여기가 교실이에요?

브루나　네. 여기가 교실이에요.

레아　그건 뭐예요?

브루나　한국어 책이에요.

(1)	(2)	(3)	(4)
교실	학교	학생 식당	
그건	저건	이건	
한국어 책	기숙사	김밥	

더 알아보기

이게, 이건, 이걸

'이것이, 이것은, 이것을'은 말할 때 '이게, 이건, 이걸'로 줄여서 사용한다. '그것'과 '저것'도 동일하게 줄여서 사용할 수 있다.

When you say 이것이, 이것은, 이것을, you can shorten each to 이게, 이건, 이걸. 그것 and 저것 can also be shortened in the same manner.

이것 그것 저것	+	이	⇨	이게, 그게, 저게
		은		이건, 그건, 저건
		을		이걸, 그걸, 저걸

발음 Pronunciation

1. 잘 듣고 맞는 것에 ✓표 해 보세요.

Listen carefully and check(✓) the box with the correct answer.

43

(1) 학교 [□ 학꾜, □ 학교]　(2) 식당 [□ 식당, □ 식땅]

(3) 숙제 [□ 숙쩨, □ 숙제]　(4) 기숙사 [□ 기숙사, □ 기숙싸]

경음화 ① Tensification ①

받침 'ㄱ' 뒤에 오는 'ㄱ, ㄷ, ㅂ, ㅅ, ㅈ'은 된소리 [ㄲ, ㄸ, ㅃ, ㅆ, ㅉ]로 발음한다.

When ㄱ, ㄷ, ㅂ, ㅅ, ㅈ comes after the final consonant ㄱ, they become tensed sound as [ㄲ, ㄸ, ㅃ, ㅆ, ㅉ] respectively.

독감 [독깜]　국밥 [국빱]　책상 [책쌍]　책장 [책짱]

2. 잘 듣고 따라 해 보세요.

Listen carefully and repeat the following sentences.

44

(1) 우리 학교예요.　(2) 이게 식당이에요.

(3) 일본 학생이에요.　(4) 저기가 우리 기숙사예요.

2 가방이 책상 위에 있어요
The bag is on the desk

어휘와 표현 Vocabulary and expressions

1 다음은 위치예요. 어휘를 소리 내서 읽어 보세요.
The pictures illustrate various locations. Read the words aloud.

① 위 ② 밑/아래

③ 앞 ④ 뒤

⑤ 안 ⑥ 밖

⑦ 옆

2 다음 그림을 보면서 가방의 위치를 쓰고 말해 보세요.
Write and say the location of the bag in the pictures below.

(1) 의자

의자 뒤

(2) 소파

(3) 테이블

(4) 침대

(5) 책장

(6) 옷장

문법 Grammar

1 **다음을 듣고 대화를 읽어 보세요. 한국어 책이 어디에 있어요?**
Listen and read the conversation. Where is the Korean language book?

45

N에(위치)

A 침대가 방에 있어요?
B 네. 방에 있어요.

A 모자가 옷장 안에 있어요?
B 옷장 안에 없어요. 침대 위에 있어요.

A 학교가 어디에 있어요?
B 신촌에 있어요.

A 도서관이 어디에 있어요?
B 학생 식당 옆에 있어요.

'에'는 명사에 붙어 사람이나 사물이 존재하거나 위치하는 장소를 나타낼 때 사용한다.
에 is a particle attached to a noun to indicate the location of a person or thing(s).

2 **질문에 알맞은 대답을 찾아 써 보세요. 그리고 맞는지 들어 보세요.**
Match the questions and answers. Then listen to check your answers.

46

(1) 다니엘이 어디에 있어요? ⓔ
(2) 이 책이 도서관에 있어요? ______
(3) 테이블 위에 뭐가 있어요? ______
(4) 휴대 전화가 어디에 있어요? ______
(5) 기숙사가 학생 식당 옆에 있어요? ______

ⓐ 제 안경이 있어요.
ⓑ 네. 도서관에 있어요.
ⓒ 휴대 전화가 가방에 있어요.
ⓓ 아니요. 학생 식당 뒤에 있어요.
ⓔ 교실에 있어요. 리카 옆에 있어요.

3

학생 A와 학생 B가 되어 다음의 물건이 어디에 있는지 묻고 대답해 보세요. 그리고 물건의 위치에 번호와 이름을 알맞게 써 보세요. With student B, ask and answer questions about where the following items are located. Then write the item number and name in the appropriate locations.

학생 B p.151 >

학생 A (1) 가방 (3) 공책 (5) 모자 (7) 의자 (9) 지갑

A 가방이 어디에 있어요?

B 소파 옆에 있어요.

4

여러분 방에 있는 물건에 대해 친구와 묻고 대답해 보세요. 묻고 답한 내용을 써 보세요.
Ask your partner about the objects in his/her room. Then write your questions and his/her answers in the chart.

A 컴퓨터가 어디에 있어요?

B 책상 위에 있어요.

질문	대답
컴퓨터가 어디에 있어요?	책상 위에 있어요.

읽고 말하기 Reading and speaking

1 **다음 메시지를 보세요. 브루나가 무엇을 질문하고 있는지 말해 보세요.**
Look at the SNS message. What information does Bruna want to get?

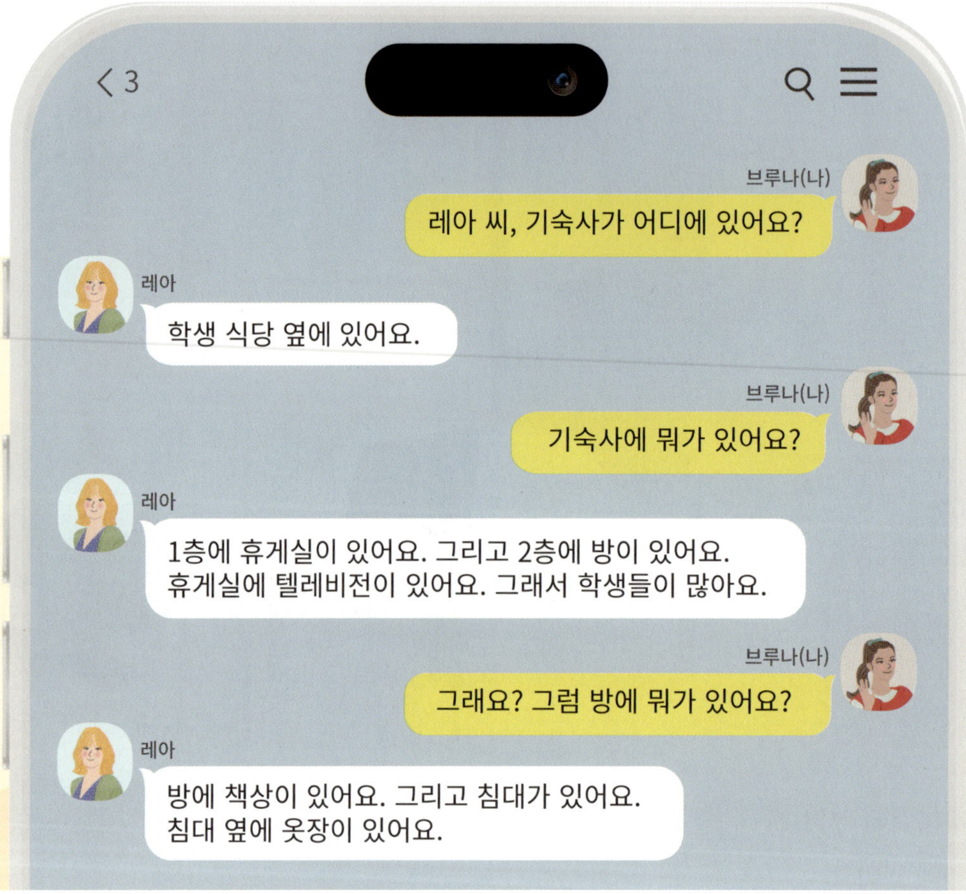

2 **위의 글은 기숙사에 대한 내용이에요. 읽고 답해 보세요.**
The conversation above is about the dormitory. Read and answer the questions.

(1) 기숙사에 대한 설명으로 맞는 것을 골라 보세요.
Choose the correct statement about the dormitory.

① 기숙사 옆에 학생 식당이 있어요.

② 2층에 휴게실이 있어요.

③ 방에 텔레비전이 있어요.

(2) 잘못된 부분을 찾아서 올바른 내용으로 고쳐 보세요.
Find the incorrect part and rewrite the sentence.

① 학생 식당에 학생들이 많아요. ⇨ ____________________

② 옷장이 침대 뒤에 있어요. ⇨ ____________________

3 역할극을 해 보세요.

Do a roleplay.

(1) 리카와 레아는 같은 방을 쓰는 친구예요. 여러분이 리카와 레아가 되어 지갑의 위치에 대해 대화해 보세요.
Rika and Léa are roommates who share the room. Roleplay as Rika and Léa and talk about where the wallet is.

리카

리카가 지갑을 찾고 있어요. 레아에게 전화해서 지갑의 위치를 물어보세요.

Rika is looking for her wallet. Call Léa and ask her where Rika's wallet is.

레아

지갑의 위치에 대해 리카의 질문에 대답해 보세요.

Answer Rika's questions about the wallet.

지갑이 침대 위에 있어요? → 책상 밑에 있어요? → 고마워요.

기능 표현 감사 표현하고 답하기 Expressing gratitude and answering

A 정말 고마워요. / 고맙습니다. / 감사합니다.

B 아니에요. / 뭘요.

리카	여보세요. 레아 씨, 제 지갑이 침대 위에 있어요?
레아	잠깐만요. 침대 위에 없어요.
리카	그럼 책상 밑에 있어요?
레아	네. 책상 밑에 있어요.
리카	정말 고마워요, 레아 씨.
레아	아니에요.

(2) 여러분과 같은 방을 쓰는 친구에게 전화해서 물건이 어디에 있는지에 대해 대화해 보세요.
Call a friend who shares a room with you and talk about where different objects are.

3 거실과 주방이 있어요
There's a living room and a kitchen

문법 Grammar

1 다음을 읽어 보세요. 집 근처에 무엇이 있어요? 그리고 거기에 무엇이 있어요?
Read the following. What is near the house? What is in there?

우리 집 근처에 공원이 있어요. 공원에 나무와 꽃이 있어요. 나무 밑에 의자가 있어요. 저는 그 공원을 정말 좋아해요.

N과/와, N하고

A 필통에 뭐가 있어요?
B 연필과 지우개가 있어요.

A 오늘 친구를 만나요?
B 네. 리카와 지유를 만나요.

A 교실이 어디에 있어요?
B 3층과 4층에 있어요.

A 무슨 요일을 좋아해요?
B 금요일하고 토요일을 좋아해요.

'과/와', '하고'는 명사에 붙어 여러 사물이나 사람을 같은 자격으로 이어 주는 뜻을 나타낼 때 사용한다. '하고'는 주로 말할 때 사용한다. 과/와 and 하고 are attached to nouns and are used to enumerate objects or people. Nouns listed by 하고 or 과/와 are equal in importance. 하고 is usually used in spoken language.

받침 ○ + 과, 하고

받침 × + 와, 하고

2 질문에 알맞은 대답을 찾아 써 보세요. 그리고 맞는지 들어 보세요.
Match the questions and answers. Then listen to check your answers.

47

(1) 요즘 뭘 배워요? ⓓ
(2) 시험이 언제예요? ______
(3) 학교 앞에 뭐가 있어요? ______
(4) 책상 위에 뭐가 있어요? ______
(5) 오빠하고 언니가 있어요? ______

ⓐ 식당과 서점이 있어요.
ⓑ 3일과 4일이 시험이에요.
ⓒ 휴대 전화와 책이 있어요.
ⓓ 중국어와 컴퓨터를 배워요.
ⓔ 아니요. 오빠하고 여동생이 있어요.

3 다음을 보고 '과/와', '하고'를 사용해서 빈칸에 써 보세요.

Look at the following pictures and write in the blanks using 과/와, 하고.

(1)

A 가방에 뭐가 있어요?

B 책과 휴대 전화가 있어요.

(2)

A 누가 미국 사람이에요?

B ______________________.

(3)

A 방에 뭐가 있어요?

B ______________________.

(4)

A 저기에 뭐가 있어요?

B ______________________.

(5)

A 화요일에 쉬어요?

B 네. ______________________.

4 좋아하는 배우, 가수, 음식, 영화 등에 대해 친구들과 묻고 대답해 보세요. 그리고 친구들의 대답을 써 보세요.

Ask your classmates about their favorite actors, singers, food, and movies. Then write their answers in the chart.

타나펀 씨, 누구를 좋아해요?

저는 배우 김민호와 박유진을 좋아해요.

무엇을 좋아해요?

김밥과 떡볶이를 좋아해요.

이름	누구를 좋아해요?	무엇을 좋아해요?
타나펀	김민호와 박유진을 좋아해요.	김밥과 떡볶이를 좋아해요.

듣고 말하기 Listening and speaking

1 **다음은 집 근처의 모습이에요. 집 근처에 무엇이 있는지 말해 보세요.**
Below is a picture of a house and its surroundings. Talk about what is near the house.

2 **샤니와 제이슨의 대화예요. 잘 듣고 물음에 답해 보세요.**
Listen to the conversation between Shani and Jason and answer the questions.

48

(1) 제이슨에 대해 들은 내용과 같으면 ○, 다르면 ×로 표시해 보세요.
Mark ○ if it true about Jason, × if it is false.

① 신촌에 살아요. (   )　　② 회사가 학교 옆에 있어요. (   )

(2) 제이슨의 집으로 맞는 것을 골라 보세요.
Choose Jason's house below.

① 　② 　③ 

3 **샤오동과 브루나의 대화예요. 잘 듣고 물음에 답해 보세요.**
Listen to the conversation between Xiaodong and Bruna and answer the questions.

49

(1) 브루나의 집에 대해 맞지 않는 것을 골라 보세요.
Choose the false statement about Bruna's house.

① 집이 좋아요.　② 학교 근처가 아니에요.　③ 집에 거실과 주방이 있어요.

(2) 브루나의 집 앞에 뭐가 있어요?
What is in front of Bruna's house?

4 여러분이 살고 있는 집에 대해 이야기해 보세요.

Talk about the house you live in now.

(1) 여러분이 살고 있는 집에 대해 써 보세요.

Write about the house you live in now.

집이 어디에 있어요?

집 근처에 뭐가 있어요?

집에 뭐가 있어요?

방에 뭐가 있어요?

(2) 3-4명씩 모이세요. 여러분이 지금 살고 있는 집에 대해 친구들과 이야기해 보세요.

In groups of three to four, talk about the house you live in now.

집이 어디에 있어요?

집 근처에 뭐가 있어요?

집에 뭐가 있어요?

방에 뭐가 있어요?

(3) 팀에서 여러분이 살고 싶은 집을 선택해서 발표해 보세요.

In your group, choose a house you want to live in and give a presentation to the class.

타나펀 집은 신촌에 있어요. 집 근처에 은행과 카페가 있어요. 그리고 집에 주방과 거실이 있어요. …… 그래서 우리는 타나펀 집이 좋아요.

읽고 쓰기 Reading and writing

1 **다음 사진을 보세요. 서준의 집이 어디에 있는지 말해 보세요.**
Look at the pictures. Talk about where Seojun's house is located.

우리 집

제 고향은 부산이에요. 우리 집은 바닷가 옆에 있어요. 아파트 10층에 있어요. 그래서 경치가 아주 멋있어요. 아파트 바로 앞에 카페가 있어요. 그래서 자주 가요.

집에 거실과 주방이 있어요. (Ⓐ) 그리고 어머니 방, 누나 방, 제 방이 있어요. (Ⓑ) 그래서 제 방에 그림과 책이 있어요. 특히 제 방 책장에 책이 많아요. (Ⓒ) 저는 제 방이 좋아요.

2 **위의 글은 서준의 고향 집 소개에 대한 내용이에요. 읽고 답해 보세요.**
The passage above is about Seojun's house in his hometown. Read and answer the questions.

(1) 고향 집에 대해 맞지 않는 것을 골라 보세요. Choose the false statement about Seojun's house.

① 부산에 있어요. ② 바닷가 근처 아파트예요. ③ 집 앞 카페가 멋있어요.

(2) 읽은 내용과 같으면 ○, 다르면 ×로 표시해 보세요. Mark ○ if it is true, × if it is false.

① 집에 거실, 주방, 방이 있어요. (   )
② 누나 방에 책이 많아요. (   )
③ 제 방에 책장이 있어요. (   )

(3) 다음 문장이 들어갈 곳을 골라 보세요. Choose the appropriate place for the following sentence.

> 저는 그림과 책을 좋아해요.

① Ⓐ ② Ⓑ ③ Ⓒ

3 여러분의 고향 집에 대한 글을 써 보세요.

Write about your house in your hometown.

(1) 다음 질문을 보고 메모해 보세요.

Write a note about the following questions.

집이 어디에 있어요?	
집 근처에 뭐가 있어요?	
집에 뭐가 있어요?	
여러분 방에 뭐가 있어요?	

(2) 위의 메모를 바탕으로 고향 집에 대한 글을 써 보세요.

Based on the notes above, write about your house in your hometown.

문화 Culture | 외래어 Loanwords

준비하기

- 다음은 컵과 소파예요. 여러분 나라에서는 이것을 어떻게 말해요?
  Below are pictures of cups and a sofa. What do you call these items in your native language?

알아보기

- '테이블, 아파트, 커피, 버스'와 같은 단어들은 외래어예요. 외래어는 외국에서 온 말로 한국어처럼 널리 사용하는 말을 의미해요.
  The words like 테이블(table), 아파트(apartment), 커피(coffee), and 버스(bus) are loanwords. They have originated from foreign languages but are used widely, as if they are Korean words.

생각해 보기

- 여러분이 알고 있는 외래어를 말해 보세요.
  Name loanwords that you know.

- 처음 들었을 때 바로 이해하기 어려웠던 외래어에 대해서 서로 이야기해 보세요.
  Talk about loanwords that were difficult to understand when you first heard them.

어휘와 표현 확인

Vocabulary and expressions check

의미를 아는 어휘나 표현에 √표 해 보세요.

Check(√) the vocabulary or expressions that you know.

1 이 책이 한국어 책이에요?

- □ 가방 bag
- □ 공책 notebook
- □ 모자 hat
- □ 시계 watch, clock
- □ 안경 glasses
- □ 연필 pencil
- □ 지갑 wallet
- □ 필통 pencil case
- □ 의자 chair
- □ 책상 desk
- □ 컴퓨터 computer
- □ 휴대 전화 mobile phone
- □ 그럼 then
- □ 맞다 to be right
- □ 학생 식당 cafeteria
- □ 건물 building
- □ 도서관 library
- □ 기숙사 dormitory
- □ 여기 here
- □ 교실 classroom

2 가방이 책상 위에 있어요

- □ 위 above
- □ 밑 below
- □ 아래 under
- □ 앞 front
- □ 뒤 back
- □ 안 in
- □ 밖 out
- □ 옆 beside
- □ 소파 sofa
- □ 테이블 table
- □ 침대 bed
- □ 책장 bookshelf
- □ 옷장 closet
- □ 있다 (there) to be
- □ 어디 where
- □ 학교 school
- □ 신촌 Sinchon
- □ 없다 (there) not to be
- □ 옷 clothes
- □ 층 floor
- □ 휴게실 lounge
- □ 방 room
- □ 잠깐만 wait a minute
- □ 정말 really
- □ 고맙다 to thank (you)

3 거실과 주방이 있어요

- □ 근처 near
- □ 나무 tree
- □ 꽃 flower
- □ 식당 restaurant
- □ 서점 bookstore
- □ 중국어 Chinese
- □ 저기 there
- □ 떡볶이 tteokbokki
- □ 살다 to live
- □ 아파트 apartment
- □ 회사 company
- □ 거실 living room
- □ 주방 kitchen
- □ 은행 bank
- □ 부산 Busan
- □ 바닷가 beach
- □ 경치 scenery
- □ 아주 very
- □ 멋있다 to be nice
- □ 바로 앞 right in front
- □ 자주 often
- □ 그림 picture
- □ 특히 especially

5 단원 Unit

하루 일과
Daily schedule

1 수업은 몇 시에 시작해요?
When does the class begin?

- 수 ②, 시간
  Vocabulary and expressions: Numbers ②, Time
- N에(시간)
  Grammar: N에(time)
- 문화 센터 프로그램에 대해 듣고 말하기
  Listening and speaking about programs at a cultural center

* 비음화
  Pronunciation: Nasalization

2 점심시간은 1시부터 2시까지예요
Lunch hours are from 1 p.m. to 2 p.m.

- 하루 일과
  Vocabulary and expressions: Daily schedule
- N부터 N까지
  Grammar: N부터 N까지
- 편의 시설의 이용 시간에 대해 읽고 말하기
  Reading and speaking about hours of public facilities

3 저는 7시에 일어납니다
I get up at 7 o'clock

- A/V-습니다/ㅂ니다, A/V-습니까?/ㅂ니까?
  Grammar: A/V-습니다/ㅂ니다, A/V-습니까?/ㅂ니까?
- 하루 일과에 대해 듣고 말하기
  Listening and speaking about daily routine
- 하루 일과에 대한 글 읽고 쓰기
  Reading and writing about daily schedule

문화 | 공공 서비스의 이용 시간
Culture: The operating hours of public services

1

2

3

다음 표현에 알맞은 사진을 찾아서 번호를 써 보세요.

Match the expressions with the pictures and write the number in the box.

☐ 출근해요.

☐ 몇 시예요?

☐ 점심시간이에요.

1 수업은 몇 시에 시작해요?
When does the class begin?

어휘와 표현 Vocabulary and expressions

1 다음은 숫자예요. 숫자를 소리 내서 읽어 보세요.
Below are the numbers in Korean. Read the numbers aloud.

1	2	3	4	5	6	7	8	9	10	11	12
하나	둘	셋	넷	다섯	여섯	일곱	여덟	아홉	열	열하나	열둘

2 시간을 소리 내서 읽어 보세요.
Read the time aloud.

한 시	두 시	세 시	네 시	다섯 시	여섯 시

일곱 시 오 분	여덟 시 십오 분	아홉 시 삼십 분/반	열 시 사십오 분	열한 시 오십오 분	열두 시

3 다음 시간을 보면서 몇 시인지 친구와 묻고 대답해 보세요.
Ask and answer questions about the following time.

(1) 1:08　(2) 4:19　(3) 5:20　(4) 6:26

(5) 7:31　(6) 8:34　(7) 10:45　(8) 12:57

몇 시예요?

한 시 팔 분이에요.

문법 Grammar

1 대화를 듣고 다음 질문에 알맞은 답을 골라 보세요.
Listen to the conversations. Then choose the correct answer to each question.

50

(1) 언제 운동해요?

① 토요일　　② 일요일

(2) 언제 친구를 만나요?

① 오늘 2시　　② 내일 3시

N에(시간)

A 언제 생일 파티를 해요?
B 3월 5일에 해요.

A 지유 씨, 보통 몇 시에 자요?
B 저는 보통 11시에 자요.

A 무슨 요일에 요리를 배워요?
B 수요일에 배워요.

A 한국어 수업이 오후에 있어요?
B 아니요. 오전에 있어요.

'에'는 명사에 붙어 어떤 동작이나 행위, 상태가 일어나는 시간이나 때를 나타낼 때 사용한다. 시간을 나타내는 '그제, 어제, 오늘, 내일, 모레, 언제' 등에는 '에'를 같이 사용할 수 없다.

에 is a particle attached to a noun to indicate when an action or state occurs. It is not used with other time-related words such as 그제, 어제, 오늘, 내일, 모레, 언제.

2 질문에 알맞은 대답을 찾아 써 보세요. 그리고 맞는지 들어 보세요.
Match the questions and answers. Then listen to check your answers.

51

(1) 오전에 운동해요? ⓓ
(2) 언제 시험이 있어요? ______
(3) 몇 시에 점심을 먹어요? ______
(4) 토요일에 수업이 있어요? ______
(5) 몇 시에 텔레비전을 봐요? ______

ⓐ 7시에 봐요.
ⓑ 12시 반에 먹어요.
ⓒ 8월 12일에 있어요.
ⓓ 아니요. 오후에 운동해요.
ⓔ 아니요. 토요일에 수업이 없어요.

3 브루나와 민재가 몇 시에 무엇을 하는지 말해 보세요.

Ask and answer questions about what Bruna and Minjae do at what time.

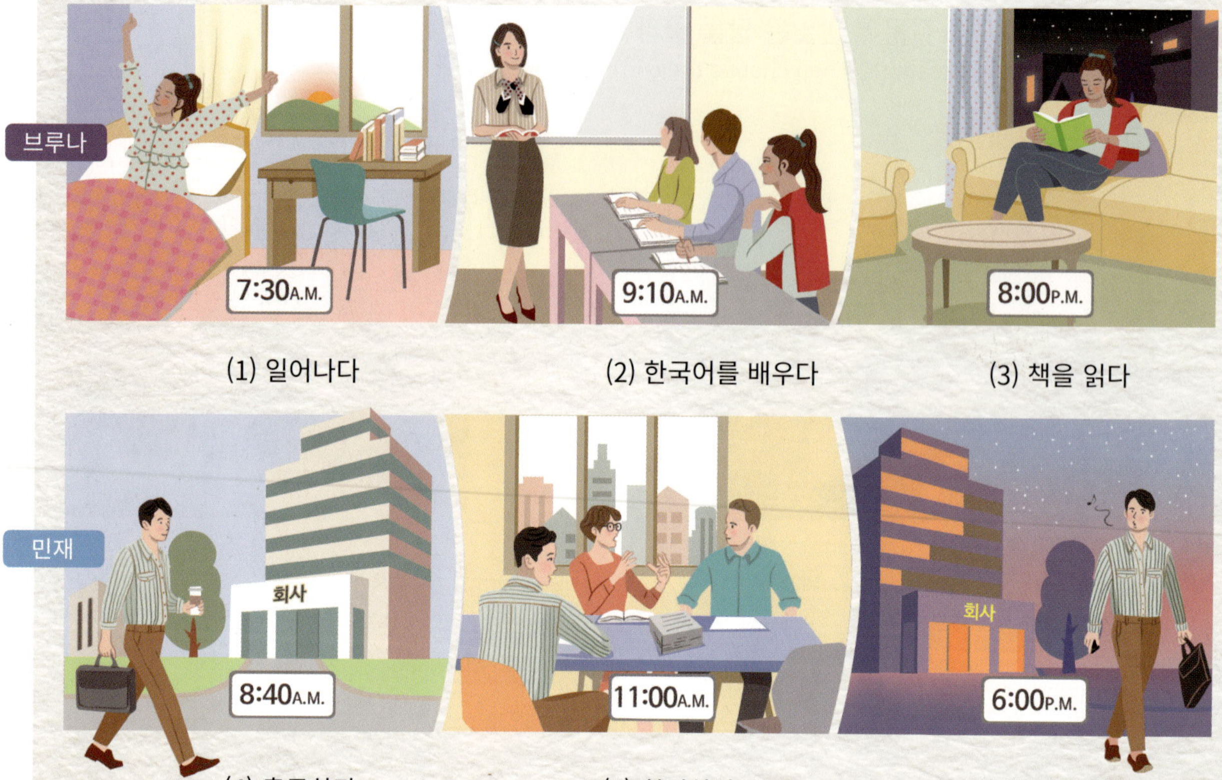

(1) 일어나다 (2) 한국어를 배우다 (3) 책을 읽다

(4) 출근하다 (5) 회의하다 (6) 퇴근하다

A 브루나는 몇 시에 일어나요?

B 오전 7시 30분에 일어나요.

4 몇 시에 일어나고 자는지 친구들과 묻고 대답해 보세요. 그리고 친구들의 대답을 써 보세요.

Ask your classmates about the time they wake up and go to bed. Then write their answers in the chart.

A 샤니 씨, 몇 시에 일어나요?

B 오전 7시에 일어나요.

A 몇 시에 자요?

B 오후 10시에 자요.

이름	몇 시에 일어나요?	몇 시에 자요?
샤니	오전 7시에 일어나요.	오후 10시에 자요.

듣고 말하기 Listening and speaking

1. 다음은 문화 센터의 프로그램 시간표예요. 언제, 무슨 수업이 있는지 말해 보세요.
The following is a class schedule at a cultural center. Talk about the programs and their schedule.

이번 달

수업	시간
댄스 교실	금 14:00
사진 교실	토, 일 15:00

다음 달

수업	시간
요리 교실	월, 수 11:00
노래 교실	화, 목 17:00

2. 잘 듣고 물음에 답해 보세요. 52
Listen carefully and answer the questions.

(1) 샤니와 타나펀의 대화예요. 타나펀이 오후에 하는 일과 그 일을 하는 시간으로 맞는 것을 모두 골라 보세요. Listen to the conversation between Shani and Thanaporn. Choose all the activities that Thanaporn does in the afternoon and their scheduled time.

① ②

③ ④

(2) 샤오동과 레아의 대화예요. 레아의 수업 요일과 시간을 연결해 보세요.
Listen to the conversation between Xiaodong and Léa. Match each activity with its class and time.

① 노래 •	• 목요일 •	• 오전 10시
② 요리 •	• 일요일 •	• 오후 4시

3. 브루나와 문화 센터 직원의 대화예요. 잘 듣고 물음에 답해 보세요. 53
Listen to the conversation between Bruna and a staff member at a cultural center and answer the questions.

(1) 다음 달 문화 센터 수업이 언제 시작하는지 골라 보세요.
Choose when the class at the cultural center begins.

① 1일, 월요일 ② 1일, 수요일 ③ 2일, 월요일

(2) 사진 교실의 요일과 시간이 언제예요?
What are the day and the time of the photo class?

요일 : ______________ 시간 : ______________

4 다음과 같이 문화 센터 프로그램 시간에 대해 대화해 보세요.

Practice this conversation about the program hours at the cultural center by using the words provided below.

직원 여보세요. 이화문화센터예요.

샤오동 다음 달 문화 센터 수업은 언제 시작해요?

직원 3일, 월요일에 시작해요.

샤오동 요리 교실은 언제 있어요?

직원 월요일 오후 4시와 화요일 오후 5시에 있어요.

(1)	(2)	(3)	(4)
3일, 월요일	1일, 목요일	2일, 금요일	
요리 교실	댄스 교실	노래 교실	
월요일 오후 4시,	수요일 오후 6시,	목요일 오후 2시,	
화요일 오후 5시	토요일 오전 11시	금요일 오후 3시	

발음 Pronunciation

1. 잘 듣고 맞는 것에 ✓표 해 보세요.

Listen carefully and check(✓) the box with the correct answer.

54

(1) 잡니다 [☐ 잡니다, ☐ 잠니다]

(2) 쉽니까 [☐ 쉼니까, ☐ 쉽니까]

(3) 운동합니다 [☐ 운동함니다, ☐ 운동합니다]

(4) 가수입니까 [☐ 가수입니까, ☐ 가수임니까]

비음화 nasalization

받침 'ㅂ'은 뒤에 'ㄴ'이 오면 [ㅁ]으로 발음한다.

When the final consonant ㅂ is followed by ㄴ, it is pronounced as [ㅁ].

갑니다 [감니다]　　봅니까 [봄니까]　　1시입니다 [한시임니다]

2. 잘 듣고 따라 해 보세요.

Listen carefully and repeat the following sentences.

55

(1) 이름이 무엇입니까?

(2) 저는 선생님입니다.

(3) 무슨 일을 합니까?

(4) 친구를 만납니다.

(5) 7시에 출근합니다.

(6) 요즘 바쁩니다.

2 점심시간은 1시부터 2시까지예요

Lunch hours are from 1 p.m. to 2 p.m.

어휘와 표현 Vocabulary and expressions

1 **다음은 하루 동안 하는 일이에요. 그림에 맞는 표현을 소리 내서 읽어 보세요.**

The pictures illustrate a daily schedule. Match the expressions with the pictures. Then read them aloud.

① 일어나요 ② 세수해요 ③ 아침 식사를 해요 ④ 수업이 시작해요

⑤ 수업이 끝나요 ⑥ 점심을 먹어요 ⑦ 전화해요 ⑧ 빵을 사요

⑨ 요리해요 ⑩ 숙제해요 ⑪ 샤워해요 ⑫ 잠을 자요

2 **위의 그림을 보면서 리카가 무엇을 하는지 친구와 묻고 대답해 보세요.**

Look at the pictures above. Ask and answer questions about what Rika is doing.

지금 뭐 해요?

일어나요.

문법 Grammar

1 **다음을 듣고 대화를 읽어 보세요. 도서관 이용 시간은 몇 시부터 몇 시까지예요?**

Listen and read the conversation. What are the library hours?

56

N부터 N까지

A 방학이 언제예요?
B 6월부터 8월까지예요.

A 오늘부터 시험이에요?
B 네. 오늘부터 내일까지 시험이에요.

A 다니엘 씨, 토요일에 출근해요?
B 아니요. 월요일부터 금요일까지 일해요.

A 몇 시부터 몇 시까지 요리를 배워요?
B 오전 11시부터 오후 1시까지 배워요.

'부터 까지'는 명사에 붙어 어떤 동작이나 상태가 시작되는 시간과 끝나는 시간을 나타낼 때 사용한다.
부터 까지 are particles attached to nouns to express when a particular action or situation begins and ends.

2 **질문에 알맞은 대답을 찾아 써 보세요. 그리고 맞는지 들어 보세요.**

Match the questions and answers. Then listen to check your answers.

57

(1) 매일 아르바이트해요? ⓔ
(2) 언제까지 한국에 있어요? ______
(3) 며칠부터 며칠까지 쉬어요? ______
(4) 그 서점은 몇 시부터 몇 시까지 해요? ______
(5) 점심시간은 몇 시부터 몇 시까지예요? ______

ⓐ 17일부터 23일까지 쉬어요.
ⓑ 오후 12시부터 1시까지예요.
ⓒ 3월부터 9월까지 한국에 있어요.
ⓓ 오전 10시부터 오후 7시까지 해요.
ⓔ 아니요. 월요일부터 수요일까지 해요.

3 지유의 일주일 일정을 보고 언제, 무엇을 하는지 말해 보세요.

Look at Jiyu's weekly schedule. Ask and answer questions about what she does with her time.

일요일	월요일	화요일	수요일	목요일	금요일	토요일
(1) 아르바이트하다	(2) 친구를 만나다	(3) 영어를 배우다	(4) 드라마를 보다	(4) 드라마를 보다	(5) 영어 숙제하다	(6) 운동하다
오후 2시~6시	오후 1시~3시	오전 11시~12시	오후 9시 30분~10시 30분	오후 9시 30분~10시 30분	오전 8시~10시	오전 7시~8시

A 언제 아르바이트해요?

B 일요일 오후 2시부터 6시까지 해요.

4 하루 동안 하는 일과 그 일을 하는 시간에 대해 친구와 묻고 대답해 보세요. 그리고 묻고 답한 내용을 써 보세요.

Ask your partner about his/her daily routine, including the time for each activity. Then write your questions and his/her answers in the chart.

A 타나펀 씨, 몇 시부터 몇 시까지 한국어를 배워요?

B 오전 9시 10분부터 오후 1시까지 배워요.

질문	대답
한국어를 배워요?	오전 9시 10분부터 오후 1시까지 배워요.
저녁을 먹어요?	
숙제해요?	

읽고 말하기 Reading and speaking

1 **다음 사진을 보세요. 여기는 어디인지 말해 보세요.**
Look at the pictures. Guess where this place is.

학생 식당

학생 식당 FAQ

1. Q 학생 식당은 어디에 있어요?
   A 학생 식당은 학생관 1층에 있어요. 학생관은 도서관 옆에 있어요.

2. Q 몇 시부터 몇 시까지 해요?
   A 점심 식사는 오전 11시에 시작해요. 그리고 오후 2시에 끝나요. 저녁 식사 시간은 오후 5시부터 8시까지예요.

3. Q 토요일에 문을 열어요?
   A 아니요. 학생 식당은 월요일부터 금요일까지 해요. 토요일과 일요일에 문을 닫아요.

4. Q 학생 식당 안에 카페가 있어요?
   A 아니요. 학생 식당 안에 없어요. 학생 식당 앞에 있어요.

2 **위의 글은 학생 식당에 대한 내용이에요. 읽고 답해 보세요.**
The FAQ above is about a student cafeteria. Read and answer the questions.

(1) 학생 식당에 대해 맞는 것을 골라 보세요.
Choose the correct statement about the student cafeteria.

① 도서관 뒤에 있어요.
② 점심 식사 시간은 오전 11시부터 오후 2시까지예요.
③ 식당 안에 카페가 있어요.

(2) 다음 질문에 알맞은 대답을 써 보세요.
Write the answer to each question.

① 저녁 식사는 몇 시에 시작해요? ______________________

② 학생 식당은 무슨 요일에 문을 닫아요? ______________________

3 역할극을 해 보세요.
Do a roleplay.

(1) 리카와 지유가 병원의 위치와 이용 시간에 대해 이야기하고 있어요. 여러분이 리카와 지유가 되어 대화해 보세요.
Rika and Jiyu are talking about the location and operating hours of a hospital. Roleplay as Rika and Jiyu.

리카
지유에게 병원이 어디에 있는지, 그 병원은 몇 시부터 몇 시까지 하는지, 점심시간은 언제인지 물어보세요.
Ask Jiyu about the location, operating hours, and lunch hours of the hospital.

지유
병원의 위치와 이용 시간에 대해 리카의 질문에 대답해 보세요.
Answer Rika's questions.

병원이 어디에 있어요? → 몇 시부터 몇 시까지 해요? → 점심시간은 언제예요?

기능 표현 시간 묻고 답하기 Asking time and answering

A 병원은 몇 시부터 몇 시까지 해요?
B 오전 9시부터 오후 6시까지 해요. / 금요일은 저녁 8시까지 해요.

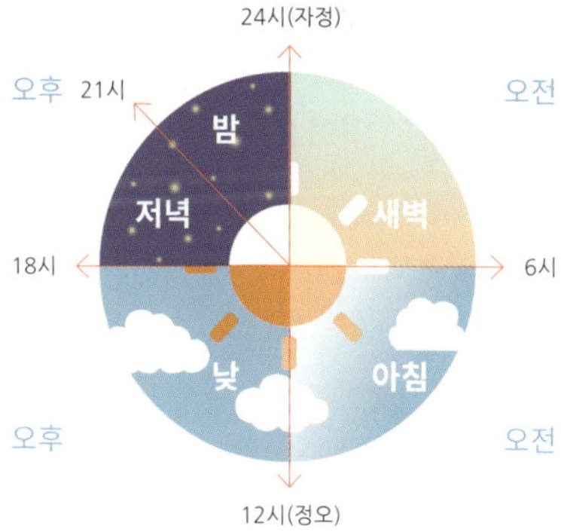

리카	지유 씨, 병원이 어디에 있어요?
지유	지하철역 근처에 있어요. 2번 출구 앞에 있어요.
리카	그 병원은 몇 시부터 몇 시까지 해요?
지유	오전 9시부터 오후 6시까지 해요. 그렇지만 점심시간에는 문을 닫아요.
리카	점심시간은 언제예요?
지유	오후 1시부터 2시까지예요.

(2) 여러분 집 근처에 있는 병원, 은행, 도서관 등의 위치와 이용 시간에 대해 대화해 보세요.
Talk about the location and operating hours of hospitals, banks, and libraries near your home.

3 저는 7시에 일어납니다
I get up at 7 o'clock

문법 Grammar

1 다음을 읽어 보세요. 이 사람은 점심시간에 무엇을 해요?
Read the following. What does the person do during lunchtime?

저는 매일 10시까지 출근합니다. 식당 점심시간은 오전 11시부터 오후 3시까지입니다. 저는 점심시간에 요리합니다. 점심시간에 바쁩니다. 보통 3시 30분에 점심을 먹습니다.

A/V-습니다/ㅂ니다, A/V-습니까?/ㅂ니까?

A 한국 생활이 어떻습니까?
B 재미있습니다.

A 지금 무엇을 듣습니까?
B 한국 노래를 듣습니다.

A 지금 무엇을 합니까?
B 영화를 봅니다.

A 무엇을 삽니까?
B 옷을 삽니다.

'-습니다/ㅂ니다'는 형용사, 동사, '이다'에 붙어 동작이나 상태, 사실을 설명할 때 사용한다. 격식적인 상황에서 말하는 사람이 듣는 사람에게 현재의 상황이나 동작에 대해 정중하게 설명할 때 사용한다. 질문을 할 때는 '-습니까?/ㅂ니까?'를 사용한다.
-습니다/ㅂ니다 is attached to an adjective, a verb, or 이다 to explain an action, state and fact(s). It is used in formal situations when a speaker explains about a current state or activity to a listener. When making questions, -습니까?/ㅂ니까? is used.

받침 ○ + 습니다, 습니까?

받침 ×, ㄹ + ㅂ니다, ㅂ니까?

2 질문에 알맞은 대답을 찾아 써 보세요. 그리고 맞는지 들어 보세요.
Match the questions and answers. Then listen to check your answers.

58

(1) 언제 숙제합니까? ⓐ
(2) 오늘 누구를 만납니까? ______
(3) 교실에 시계가 있습니까? ______
(4) 수업이 몇 시에 끝납니까? ______
(5) 한국어 공부가 어렵습니까? ______

ⓐ 저녁에 숙제합니다.
ⓑ 오후 1시에 끝납니다.
ⓒ 고향 친구를 만납니다.
ⓓ 아니요. 시계가 없습니다.
ⓔ 네. 그렇지만 재미있습니다.

3 다음을 보고 '-습니다/ㅂ니다', '-습니까?/ㅂ니까?'를 사용해서 빈칸에 써 보세요.

Look at the following pictures and write in the blanks using -습니다/ㅂ니다, -습니까?/ㅂ니까?

(1) 

10시 15분이다

A 지금 몇 시입니까?

B 10시 15분입니다.

(2) 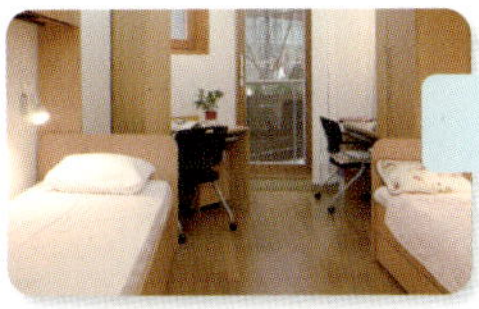

살다

A 리카는 어디에 ____________________?

B 기숙사에 ____________________.

(3) 

좋아하다

A 무슨 음식을 ____________________?

B 비빔밥을 ____________________.

(4) 

쉬다

A 이번 주 토요일에 일합니까?

B 아니요. ____________________.

(5) 

재미없다

A 영화가 재미있습니까?

B 아니요. ____________________.

+ 더 알아보기

ㄹ 탈락

'ㄹ' 받침으로 끝나는 형용사, 동사는 'ㄴ, ㅂ, ㅅ' 앞에서 'ㄹ'이 탈락한다.

When the stem of an adjective or verb ends in the final consonant ㄹ and is followed by ㄴ, ㅂ, ㅅ, then ㄹ of the stem is omitted.

예) 저는 신촌에 삽니다. / 한국 생활이 힘듭니까?

4 반 친구 중 한 사람을 정해 보세요. 다른 친구는 그 사람에 대해 질문하면서 누구인지 맞혀 보세요. 그리고 그 친구에 대해 써 보세요.

Think of a classmate and have your partner guess who it is by asking questions to you. Then fill in the chart with information about the selected classmate.

독일 사람입니까?

아니요. 미국 사람입니다.

신촌에 삽니까?

네. 신촌에 삽니다.

......

그 사람이 제이슨입니까?

네. 맞습니다.

이름: 제이슨
• 미국 사람입니다.
• 신촌에 삽니다.
•
•

이름: ____________________
•
•
•
•

듣고 말하기 Listening and speaking

1 **다음은 레아의 하루 일과예요. 하루 동안 무엇을 하는지 말해 보세요.**

Below is Léa's daily schedule. Talk about her schedule of the day.

2 **제이슨이 하루 일과에 대해 이야기해요. 잘 듣고 물음에 답해 보세요.** 59

Jason talks about his daily schedule. Listen carefully and answer the questions.

(1) 하루 일과에 대해 맞는 것을 골라 보세요.

Choose the correct picture about Jason's daily schedule.

(2) 제이슨에 대해 들은 내용과 같으면 ○, 다르면 ×로 표시해 보세요.

Mark ○ if it is true about Jason, × if it is false.

① 매일 영어를 가르칩니다. (　　　　)　　② 7시에 저녁 식사를 합니다. (　　　　)

3 **레아와 민재의 대화예요. 잘 듣고 물음에 답해 보세요.** 60

Listen to the conversation between Léa and Minjae and answer the questions.

(1) 민재의 하루 일과에 대해 맞는 것을 골라 보세요.

Choose the statement that describes Minjae's daily schedule.

① 저녁 8시에 퇴근합니다.　　② 매일 운동합니다.　　③ 금요일에 친구를 만납니다.

(2) 레아는 금요일 저녁에 무엇을 해요?

What does Léa do on Friday night?

____

4 친구의 하루 일과에 대해 이야기해 보세요.

Talk about the daily schedule of your classmate.

(1) 친구의 하루 일과는 어떻게 될까요? 친구의 하루 일과에 대한 질문을 써 보세요. 그리고 여러분이 생각하는 친구의 하루 일과에 대해 '나의 생각'에 써 보세요. Try to guess one of your classmates' daily schedule and fill in the chart with the questions you want to ask. Also, write down your guesses about his/her daily routine.

친구의 이름 : ____________________

질문	나의 생각	친구의 대답
몇 시에 일어납니까?		
몇 시에 점심을 먹습니까?		
몇 시에 잡니까?		

(2) 여러분이 생각한 내용이 맞는지 친구에게 물어보세요. 그리고 친구의 대답을 듣고 (1)에 있는 '친구의 대답'에 써 보세요. Check your guess with the classmate. Then complete the chart above with his/her answers.

6시에 일어납니까?

아니요. 7시에 일어납니다.

(3) 친구의 하루 일과에 대해 발표해 보세요.

Write about the classmate's daily schedule and present it to the class.

리카는 아침 7시에 일어납니다. 아침 7시 30분에 아침을 먹습니다. 오후 2시에 점심을 먹습니다.
…… 밤 10시에 잡니다.

읽고 쓰기 Reading and writing

1 **다음 사진을 보세요. 10년 후에 레아는 어디에서 사는지, 무슨 일을 하는지 말해 보세요.**
Look at the pictures. Talk about where Léa lives and what she does for a living after ten years.

나는 회사원!

따르릉! 알람 소리입니다. 제 하루는 아침 7시에 시작합니다. 아침에 보통 빵과 우유를 먹습니다. 저는 지금 서울에 삽니다. 저는 회사원입니다. (Ⓐ) 오전에 보통 이메일을 봅니다. 그리고 이메일을 씁니다. 우리 회사 점심시간은 오후 12시부터 1시까지입니다. (Ⓑ) 저는 이 시간을 좋아합니다. 점심 식사 후에 영상 회의를 합니다. 오후에 바쁩니다. 6시에 퇴근합니다. 저녁 식사 후에 텔레비전을 봅니다. (Ⓒ) 밤 11시에 잡니다.

2 **위의 글은 레아의 하루 일과에 대한 내용이에요. 읽고 답해 보세요.**
The passage above is about Léa's daily schedule. Read and answer the questions.

(1) 레아가 회사에서 무엇을 하는지 순서대로 번호를 써 보세요. Put the pictures in order to show what Léa does at work.

① 

② 

③ 

( ) ⇨ ( ) ⇨ ( )

(2) 레아에 대해 읽은 내용과 같으면 ○, 다르면 ×로 표시해 보세요. Mark ○ if it is true about Léa, × if it is false.

① 아침 7시에 일어납니다. ( )
② 영상 회의 시간을 좋아합니다. ( )
③ 퇴근 후에 텔레비전을 봅니다. ( )

(3) 다음 문장이 들어갈 알맞은 곳을 골라 보세요. Choose the appropriate place for the following sentence.

> 우리 회사는 프랑스 화장품 회사입니다.

① Ⓐ ② Ⓑ ③ Ⓒ

3 여러분의 10년 후 하루 일과에 대한 글을 써 보세요.

Write about your daily schedule after 10 years.

(1) 다음 질문을 보고 메모해 보세요.
Write a note about the following questions.

어디에 삽니까?	
무슨 일을 합니까?	
몇 시에 일어납니까?	
오전에 무엇을 합니까?	
오후에 무엇을 합니까?	
몇 시에 잡니까?	

(2) 위의 메모를 바탕으로 10년 후의 하루 일과에 대한 글을 써 보세요.
Based on the notes above, write about your daily schedule after 10 years.

문화 Culture | 공공 서비스의 이용 시간 The operating hours of public services

준비하기

- 다음은 서울출입국·외국인청이에요. 이곳의 이용 시간은 어떻게 될까요?
  Below is a picture of Seoul Immigration Office. What are the operating hours?

서울출입국·외국인청

알아보기

- 출입국·외국인청은 한국인과 한국에 사는 외국인의 출입국과 관련된 업무를 담당하는 기관이에요. 평일 오전 9시부터 오후 6시까지 하고 주말에는 안 해요. The Immigration Office is in charge of immigration-related work for Korean citizens and foreigners living in Korea. It is open from 9 a.m. to 6 p.m. on weekdays and closed on weekends.

- 대중교통도 이용 시간이 있어요. 버스의 첫차는 보통 새벽 4시에서 5시 사이에 운행을 시작하고, 지하철의 첫차는 보통 새벽 5시에서 5시 30분 사이에 운행을 시작해요. Public transportation also has operating hours. The first bus usually departs between 4 a.m. and 5 a.m., and the first subway train usually starts between 5 a.m. and 5:30 a.m.

생각해 보기

- 여러분 나라의 공공시설의 이용 시간에 대해 이야기해 보세요.
  Talk about the operating hours of public facilities in your country.

- 한국에서 버스나 지하철의 이용 시간을 몰라서 당황했던 경험에 대해 이야기해 보세요.
  Talk about any experience in Korea that made you embarrassed because you did not know the bus or subway hours.

어휘와 표현 확인
Vocabulary and expressions check

의미를 아는 어휘나 표현에 √표 해 보세요.
Check(√) the vocabulary or expressions that you know.

1 수업은 몇 시에 시작해요?

- □ 하나 one
- □ 둘 two
- □ 셋 three
- □ 넷 four
- □ 다섯 five
- □ 여섯 six
- □ 일곱 seven
- □ 여덟 eight
- □ 아홉 nine
- □ 열 ten
- □ 열하나 eleven
- □ 열둘 twelve
- □ 시 hour
- □ 분 minute
- □ 반 half
- □ 몇 what
- □ 내일 tomorrow
- □ 보통 usually
- □ 생일 파티 birthday party
- □ 오후 afternoon
- □ 오전 morning
- □ 출근하다 to go to work
- □ 회의하다 to have a meeting
- □ 퇴근하다 to get off work
- □ 이번 달 this month
- □ 댄스 dance
- □ 사진 photo
- □ 다음 달 next month
- □ 노래 song
- □ 시간이 있다 to have time
- □ 문화 센터 cultural center

2 점심시간은 1시부터 2시까지예요

- □ 일어나다 to get up
- □ 세수하다 to wash face
- □ 아침 식사를 하다 to have breakfast
- □ 수업이 시작하다 A class starts.
- □ 수업이 끝나다 A class ends.
- □ 점심을 먹다 to have lunch
- □ 전화하다 to call
- □ 빵을 사다 to buy bread
- □ 요리하다 to cook
- □ 숙제하다 to do one's homework
- □ 샤워하다 to take a shower
- □ 잠을 자다 to sleep
- □ 방학 vacation
- □ 매일 everyday
- □ 아르바이트하다 to work at a part-time job
- □ 점심시간 lunch hour
- □ 저녁을 먹다 to have dinner
- □ 점심 식사 lunch
- □ 저녁 식사 dinner
- □ 문 door
- □ 열다 to open
- □ 닫다 to close
- □ 새벽 dawn
- □ 아침 morning
- □ 낮 daytime
- □ 저녁 evening
- □ 밤 night
- □ 자정 midnight
- □ 정오 noon
- □ 출구 exit

3 저는 7시에 일어납니다

- □ 어떻다 to be how
- □ 듣다 to listen
- □ 비빔밥 bibimbap
- □ 이번 주 this week
- □ 가르치다 to teach
- □ 후 after
- □ 알람 소리 alarm sound
- □ 하루 day
- □ 우유 milk
- □ 이메일 e-mail
- □ 영상 회의 video conference
- □ 화장품 cosmetics

6 단원 Unit

쇼핑과 음식
Shopping and food

1 운동화를 사고 싶어요
I would like to buy sneakers

- 가격, 물건 ②
  Vocabulary and expressions: Price, Objects ②
- V-고 싶다
  Grammar: V-고 싶다
- 사고 싶은 물건에 대해 듣고 말하기
  Listening and speaking about what you want to buy

* ㅎ 탈락
  Pronunciation: ㅎ deletion

2 사과 다섯 개 주세요
Please give me five apples

- 상태 ①
  Vocabulary and expressions: Condition ①
- V-으세요/세요
  Grammar: V-으세요/세요
- 식료품 구입에 대해 읽고 말하기
  Reading and speaking about buying groceries

3 식당에 자주 가요
I go to the restaurants very often

- N에(방향)
  Grammar: N에(direction)
- 좋아하는 식당에 대해 듣고 말하기
  Listening and speaking about your favorite restaurant
- 좋아하는 가게에 대한 글 읽고 쓰기
  Reading and writing about your favorite store

문화 | 한국의 국물 음식
Culture: The Korean soup

1

2

3

다음 표현에 알맞은 사진을 찾아서 번호를 써 보세요.

Match the expressions with the pictures and write the number in the box.

□ 손님이 많아요.

□ 사과가 맛있어요.

□ 신발 가격이 얼마예요?

1 운동화를 사고 싶어요
I would like to buy sneakers

어휘와 표현 Vocabulary and expressions

1 다음은 숫자예요. 숫자를 소리 내서 읽어 보세요.
Below are numbers in Korean. Read the numbers aloud.

10	십	100,000	십만
100	백	1,000,000	백만
1,000	천	10,000,000	천만
10,000	만	100,000,000	억

2 다음은 물건과 그 물건의 가격이에요. 그림에 맞는 각 물건의 가격을 소리 내서 읽어 보세요.
Read aloud the prices of the items.

1,200원
지우개

1

2,800원
볼펜

2

10,000원
티셔츠

3

47,000원
바지

4

200,000원
운동화

5

360,000원
구두

6

1,000,000원
카메라

7

35,000,000원
자동차

8

① 천이백 원 ② 이천팔백 원 ③ 만 원 ④ 사만 칠천 원
⑤ 이십만 원 ⑥ 삼십육만 원 ⑦ 백만 원 ⑧ 삼천오백만 원

3 위의 그림을 보면서 물건의 가격에 대해 친구와 묻고 대답해 보세요.
Ask and answer questions about the price of the items above.

지우개가 얼마예요?

천이백 원이에요.

문법 Grammar

1 대화를 듣고 다음 질문에 알맞은 답을 골라 보세요.

Listen to the conversations. Then choose the correct answer to each question.

61

(1) 점심에 뭘 먹어요?

①

②

(2) 왜 한국어를 공부해요?

①

②

V-고 싶다

A 생일에 무슨 선물을 받고 싶어요?
B 시계를 받고 싶어요.

A 뭘 사고 싶어요?
B 카메라를 사고 싶어요.

A 제이슨 씨, 무엇을 먹고 싶어요?
B 한국 음식을 먹고 싶어요.

A 토요일에 뭐 하고 싶어요?
B 쉬고 싶어요.

'-고 싶다'는 동사에 붙어 말하는 사람이 원하거나 바라는 것을 나타낼 때 사용한다.
-고 싶다 is attached to a verb to indicate what the speaker wants or desires.

2 질문에 알맞은 대답을 찾아 써 보세요. 그리고 맞는지 들어 보세요.

Match the questions and answers. Then listen to check your answers.

62

(1) 지금 뭐 하고 싶어요? ___ⓒ___
(2) 어디에 살고 싶어요? ______
(3) 다니엘 씨, 피곤해요? ______
(4) 무엇을 마시고 싶어요? ______
(5) 레아 씨, 요리를 좋아해요? ______

ⓐ 커피를 마시고 싶어요.
ⓑ 기숙사에 살고 싶어요.
ⓒ 지금 노래를 듣고 싶어요.
ⓓ 네. 그래서 잠을 자고 싶어요.
ⓔ 네. 그래서 요리를 배우고 싶어요.

3 한국에서 무엇을 하고 싶은지 말해 보세요.
Ask and answer questions about what you want to do in Korea.

(1) 쇼핑하다

(2) 아르바이트하다

(3) 한복을 입다

(4) 한국어를 배우다

(5) 한국 음식을 먹다

(6) 한국 가수를 만나다

A 뭐 하고 싶어요?
B 쇼핑하고 싶어요.

4 무엇을 하고 싶은지 친구와 묻고 대답해 보세요. 그리고 친구의 대답을 써 보세요.
Ask your partner about what he/she wants to do in the given times. Then write his/her answers in the chart.

A 리카 씨, 오늘 저녁에 뭐 하고 싶어요?
B 김밥을 만들고 싶어요.

시간	뭐 하고 싶어요?
오늘 저녁	김밥을 만들고 싶어요.
일요일	
시험 후	
방학	

듣고 말하기 Listening and speaking

1 다음은 가게예요. 가게에 무엇이 있는지, 무엇을 사고 싶은지 말해 보세요.

Below are pictures of a store. Describe what is inside and talk about what you want to buy.

2 잘 듣고 물음에 답해 보세요.

Listen carefully and answer the questions.

63

(1) 리카와 레아의 대화예요. 두 사람이 무엇을 사고 싶은지 연결해 보세요.

Listen to the conversation between Rika and Léa. Match what each person wants to buy.

① 리카 •   • 

② 레아 •   • 

(2) 가게 점원과 서준의 대화예요. 물건의 가격으로 맞는 것을 골라 보세요.

Listen to the conversation between the store clerk and Seojun. Choose the correct prices of the items.

① 가방 60,000원
지갑 45,000원

② 가방 60,000원
안경 35,000원

③ 지갑 46,000원
시계 60,000원

3 지유와 타나펀의 대화예요. 잘 듣고 물음에 답해 보세요.

Listen to the conversation between Jiyu and Thanaporn and answer the questions.

64

(1) 지유가 추천한 옷이 무엇인지 골라 보세요.

Choose the clothes that Jiyu recommended.

① 

② 

③ 

(2) 타나펀은 왜 옷을 사고 싶어요?

Why does Thanaporn want to buy clothes?

4 다음과 같이 가게에서 물건을 추천해 보세요.

Practice this conversation about recommending a product to a friend at the store by using the words provided below.

제이슨 레아 씨, 뭘 사고 싶어요?

레아 이번 주 토요일이 친구 생일이에요. 그래서 모자를 하나 선물하고 싶어요.

제이슨 그래요? 그럼 이 모자는 어때요?

레아 좋아요. 그건 얼마예요?

제이슨 12,000원이에요.

(1)	(2)	(3)	(4)
이번 주 토요일	다음 주 화요일	12월 5일	
친구 생일	언니 생일	동생 생일	
모자	운동화	바지	
₩12,000	₩67,500	₩34,000	

발음 Pronunciation

1. 잘 듣고 맞는 것에 √표 해 보세요.

Listen carefully and check(√) the box with the correct answer.

65

(1) 좋아요 [□ 조하요, □ 조아요]

(2) 넣어요 [□ 너어요, □ 너허요]

(3) 많아요 [□ 마나요, □ 만하요]

(4) 싫어요 [□ 실허요, □ 시러요]

ㅎ 탈락 ㅎ deletion

받침 'ㅎ, ㄶ, ㅀ' 뒤에 모음이 오는 경우 'ㅎ'을 발음하지 않는다.

The final consonant ㅎ of ㅎ, ㄶ, ㅀ is not pronounced when it comes before the vowel.

좋아해요 [조아해요]　　괜찮아요 [괜차나요]　　싫어해요 [시러해요]

2. 잘 듣고 따라 해 보세요.

Listen carefully and repeat the following sentences.

66

(1) 사람이 많이 있어요.

(2) 책을 가방에 넣으세요.

(3) 드라마를 좋아합니까?

(4) 저는 운동을 싫어합니다.

2 사과 다섯 개 주세요
Please give me five apples

어휘와 표현 Vocabulary and expressions

1 **다음은 음식의 상태예요. 그림에 맞는 어휘를 소리 내서 읽어 보세요.**
The pictures illustrate the condition of food. Match the words with the pictures. Then read them aloud.

① 맛있어요	② 맛없어요	③ 뜨거워요	④ 차가워요
⑤ 좋아요	⑥ 나빠요	⑦ 비싸요	⑧ 싸요
⑨ 많아요	⑩ 적어요	⑪ 커요	⑫ 작아요

2 **위의 그림을 보면서 음식의 상태에 대해 친구와 묻고 대답해 보세요.**
Look at the pictures above. Ask and answer questions about the condition of the food.

이 딸기가 어때요?

맛있어요.

+ 더 알아보기

ㅂ 불규칙

'ㅂ' 받침으로 끝나는 일부 형용사, 동사는 모음으로 시작하는 어미와 결합하면 받침 'ㅂ'이 'ㅗ' 또는 'ㅜ'로 바뀐다.

The final consonant ㅂ in the stems of some adjectives and verbs changes to either ㅜ or ㅗ when followed by a vowel.

예) 정말 고마워요.
저는 아버지의 일을 도와요.

문법 Grammar

1 다음을 듣고 대화를 읽어 보세요. 제이슨은 무엇을 샀어요?

Listen and read the conversation. What did Jason buy?

67

V-으세요/세요

A 휴대 전화를 가방에 넣으세요.
B 네. 알겠어요.

A 이 책 어때요?
B 꼭 보세요. 재미있어요.

A 손을 씻으세요.
B 네. 알겠습니다.

A 시험이 9시에 시작해요?
B 네. 8시 반까지 오세요. 늦지 마세요.

'-으세요/세요'는 동사에 붙어 어떤 행동을 할 것을 명령하거나 요청함을 나타낸다. 주로 높임의 대상인 사람에게 무언가를 시킬 때 사용한다. 부정형은 'V-지 마세요'이다.

-으세요/세요 is attached to a verb to indicate a command or request to perform an action. It is mainly used to request something to a superior. The negative form is V-지 마세요.

받침 ○ + 으세요

받침 ×, ㄹ + 세요

2 그림에 알맞은 것을 찾아 빈칸에 써 보세요. 그리고 맞는지 들어 보세요.

Match the pictures with the sentences and write the number in the box. Then listen to check your answers. 68

(1)

(2)

(3)

(4)

ⓐ 이름을 쓰세요.
ⓑ 같이 이야기하세요.
ⓒ 책 27쪽을 읽으세요.
ⓓ 수업 시간에 먹지 마세요.

3 다음은 식당의 모습이에요. 손님에게 요청하는 말을 말해 보세요.

Below are situations at a restaurant. Speak to the customers using the given expressions.

A 잠깐만 기다리세요.

B 네. 알겠습니다.

4 다음은 카페의 메뉴예요. 가격을 묻고 주문해 보세요.

Below is a menu at a cafe. Ask for the price and order your menu.

A 커피는 얼마예요?

B 4,800원이에요.

A 케이크는 얼마예요?

B 6,000원이에요.

A 커피 하나하고 케이크 하나 주세요.

읽고 말하기 Reading and speaking

1 다음 사진을 보세요. 무엇을 살 수 있는지 말해 보세요.

Look at the pictures. Talk about the things you can buy.

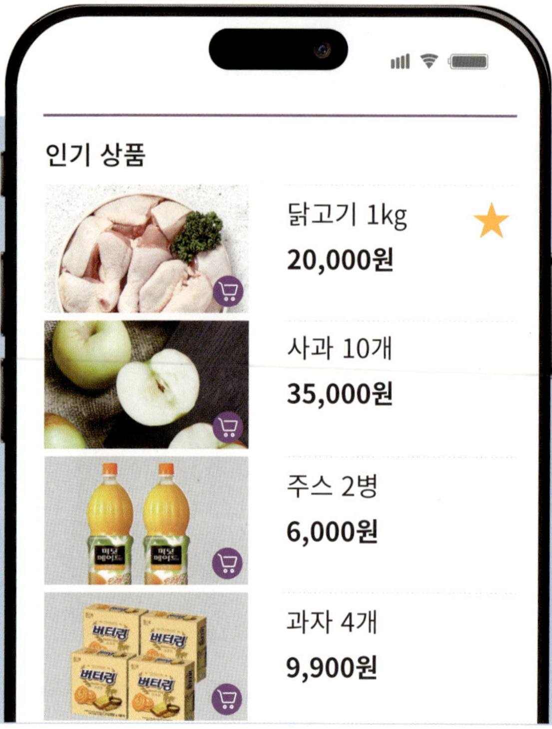

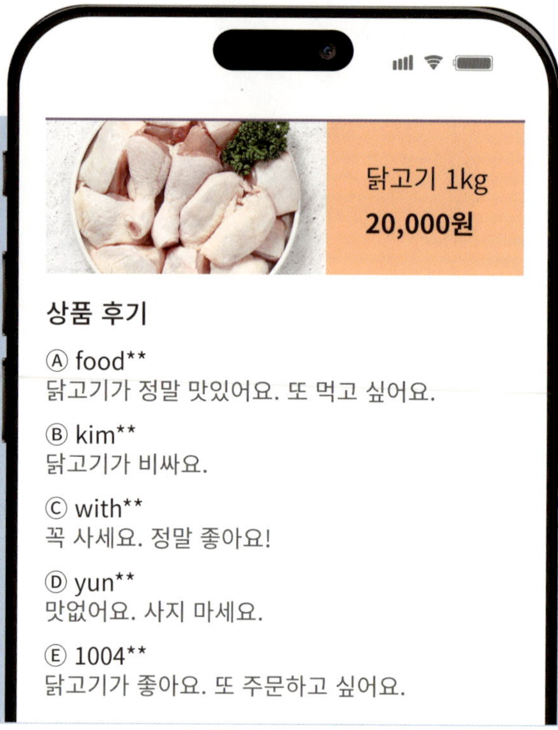

2 위의 글은 식료품의 가격과 후기에 대한 내용이에요. 읽고 답해 보세요.

The webpage of the online shopping mall above displays the prices and reviews for groceries. Read and answer the questions.

(1) 잘못된 부분을 찾아서 올바른 내용으로 고쳐 써 보세요. Find the incorrect part and rewrite the sentence.

① 사과 열 개가 사만 오천 원입니다. → ____________________

② 주스 두 병이 칠천 원입니다. → ____________________

③ 과자 세 개가 구천구백 원입니다. → ____________________

(2) Ⓐ~Ⓔ 사람들의 생각이 어느 쪽에 해당하는지 아래에 써 보세요. Write what Ⓐ~Ⓔ thinks in the appropriate column.

이 닭고기를 사세요! ★★★★★
이 닭고기를 사지 마세요! ★

+ 더 알아보기

개, 권, 명, 병

물건을 셀 때 여러 단위 명사를 사용한다. '개'는 물건, '권'은 책, '명'은 사람, '병'은 병을 셀 때 사용한다.

When counting objects, several units are used. 개 is used to count general objects, 권 to count books, 명 to count people, and 병 to count bottles.

3 역할극을 해 보세요.

Do a roleplay.

(1) 레아와 점원이 과일과 과일 가격에 대해 이야기하고 있어요. 여러분이 과일 가게 점원과 레아가 되어 대화해 보세요.

Léa and the clerk are talking about fruits and their prices. Roleplay as the clerk and Léa.

레아

점원에게 사과와 배의 가격을 묻고 사 보세요.

Ask the clerk about the prices of apples and pears and buy them.

점원

손님에게 과일의 가격을 말해 보세요.

Tell the customer the prices of the fruits.

어서 오세요. → 사과는 얼마예요? → 사과 주세요.

기능 표현 가격 묻고 답하기 Asking and answering about prices

A 배가 얼마예요?

B 한 개에 6,000원이에요. / 한 상자에 30,000원이에요.

점원	어서 오세요.
레아	안녕하세요? 이 사과는 얼마예요?
점원	한 개에 3,500원이에요. 다섯 개에 15,000원이에요.
레아	저 배는 얼마예요?
점원	한 개에 6,000원이에요.
레아	그럼 사과 다섯 개하고 배 두 개 주세요.
점원	네. 여기 있습니다. 감사합니다.

(2) 과일가게에서 여러분이 사고 싶은 과일과 가격에 대해 대화해 보세요.

Talk about the fruits you want to buy and their prices at a fruit shop.

3 식당에 자주 가요
I go to the restaurants very often

문법 Grammar

1 다음을 읽어 보세요. 이 사람은 수업 후에 보통 어디에 가요?
Read the following. Where does this person usually go after class?

저는 수업 후에 학교 앞 식당에 자주 갑니다. 그 식당은 비빔밥과 불고기가 맛있습니다. 그리고 음식이 쌉니다. 그래서 사람들이 많습니다.

N에(방향)

A 지금 집에 가요?
B 아니요. 식당에 가요.

A 어느 나라에 가고 싶어요?
B 프랑스에 가고 싶어요.

A 제이슨 씨, 친구가 언제 한국에 와요?
B 내일 와요.

A 지유는 학생이에요?
B 네. 지유는 학교에 다녀요.

'에'는 명사에 붙어 행위의 목적지를 나타낼 때 사용한다. 주로 '가다, 오다, 다니다' 등의 동사와 함께 쓰인다.
에 is a particle attached to a noun to indicate where one is going (=one's destination). It is mainly used with verbs such as 가다, 오다, 다니다.

2 질문에 알맞은 대답을 찾아 써 보세요. 그리고 맞는지 들어 보세요.
Match the questions and answers. Then listen to check your answers.

69

(1) 무슨 일을 해요? ⓑ
(2) 고향에 가고 싶어요? ______
(3) 오늘 언제 집에 와요? ______
(4) 수업 후에 보통 어디에 가요? ______
(5) 여보세요. 리카 씨, 지금 뭐 해요? ______

ⓐ 지금 신촌에 가요.
ⓑ 저는 은행에 다녀요.
ⓒ 저녁 6시쯤 집에 가요.
ⓓ 네. 가족을 보고 싶어요.
ⓔ 수업 후에 보통 카페에 가요.

3 다음을 보고 '에'를 사용해서 빈칸에 써 보세요.

Look at the following pictures and write in the blanks using 에.

(1) A 서준 씨, 집에 가요?

B 아니요. 서점에 가요.

(2)

A 다니엘 씨, 무슨 회사에 다녀요?

B ______________________________.

(3) A 리카 씨, 방학에 어디에 가고 싶어요?

B ______________________________.

(4)

A 레아 씨, 지금 어디에 가요?

B ______________________________. 한국어 수업이 있어요.

(5) A 이번 주 토요일에 뭐 해요?

B 다음 주에 시험이 있어요. 그래서 ______________________________.

4 수업 후에 가는 곳에 대해 순서대로 친구들과 묻고 대답해 보세요. 그리고 친구들의 대답을 써 보세요.

Ask your classmates about the order of places they visit after class. Then write their answers in the chart.

샤오동 씨, 보통 수업 후에 어디에 가요?

학생 식당에 가요.

그다음에 어디에 가요?

지하철역에 가요. 그리고 집에 가요.

이름	수업 후에 어디에 가요?
샤오동	학생 식당에 가요. 그다음에 지하철역에 가요. 그리고 집에 가요.

듣고 말하기 Listening and speaking

1 다음은 한국 음식이에요. 음식의 이름이 무엇인지, 무엇을 먹고 싶은지 말해 보세요.

Below are pictures of Korean food. Talk about what the name of the food is and what food you want to eat.

라면

떡볶이

김치볶음밥

2 타나펀과 서준의 대화예요. 잘 듣고 물음에 답해 보세요.

Listen to the conversation between Thanaporn and Seojun and answer the questions.

70

(1) 두 사람이 어디에 가는지 골라 보세요.

Choose the place they are going to.

① 

② 

③ 

(2) 식당에 대해 맞지 않는 것을 모두 골라 보세요.

Choose all the false statements about the restaurant.

① 양이 많아요. ② 가격이 비싸요. ③ 음식이 맛없어요.

3 제이슨과 리카의 대화예요. 잘 듣고 물음에 답해 보세요.

Listen to the conversation between Jason and Rika and answer the questions.

71

(1) 들은 내용과 같으면 ○, 다르면 ×로 표시해 보세요.

Mark ○ if it is true, × if it is false.

① 리카는 식당에 자주 가요. (   ) ② 제이슨은 된장찌개를 먹고 싶어요. (   )

(2) 이 식당은 무엇이 제일 맛있어요?

What is the most delicious menu at this restaurant?

____

4 식당이나 카페의 메뉴를 만들어서 이야기해 보세요.

Make a menu for a restaurant or a coffee shop and talk about it.

(1) 다음은 식당과 카페의 메뉴예요. 식당과 카페에 무엇이 있는지, 얼마인지 묻고 대답해 보세요. Below are menus for restaurants and a coffee shop. Ask and answer about the kinds of food they offer and their prices.

김밥나라

김밥	3,800원
라면	5,500원
떡볶이	7,500원
김치볶음밥	7,800원

이탈리아노

피자	18,500원
스파게티	15,200원
콜라	2,000원

나무카페

커피	2,800원
주스	4,500원
케이크	5,800원
아이스크림	3,600원

A 나무카페에 무슨 음식이 있어요?

B 커피와 주스가 있어요. 그리고 케이크와 아이스크림이 있어요.

A 커피는 얼마예요?

B 커피는 이천팔백 원이에요.

(2) 3-4명씩 모이세요. 식당이나 카페의 이름, 음식, 가격 등을 정해서 메뉴를 만들어 보세요.
In groups of three to four, come up with a name for your restaurant or coffee shop and create a menu by deciding on foods and their prices.

식당/카페 이름이 뭐예요?
무슨 음식이 있어요?
그 음식은 얼마예요?
무엇이 제일 맛있어요?

메뉴

식당 이름 ____________

* 김밥 3,800원
* ____________
* ____________
* ____________

(3) 팀에서 만든 메뉴를 발표해 보세요.
Present your group's menu to the class.

이 카페의 이름은 '나무카페'입니다. 커피와 주스가 있습니다. 그리고 케이크와 아이스크림이 있습니다. 커피는 이선팔백 원, 주스는 사천오백 원입니다. …… 여러분, 나무카페의 커피는 정말 맛있습니다. 나무카페에 오세요.

읽고 쓰기 Reading and writing

1 **다음 사진을 보세요. 이 가게에서 무엇을 살 수 있는지, 가게가 어떤지 말해 보세요.**
Look at the pictures. Talk about what you can buy in this store and what the store is like.

하나가구

Blog | About |

하나가구를 추천합니다!

URL 복사 + 이웃

여러분, 안녕하세요? 오늘은 가구점을 하나 소개하고 싶습니다. 그 가구점은 '하나가구'입니다. 이 가게는 신촌 근처에 있습니다. 가게가 정말 큽니다. 가게에 (Ⓐ) 등 가구가 많습니다. 가구가 예쁩니다. 그리고 가게 주인이 친절합니다. 또 가격이 쌉니다. 그래서 사람들이 많습니다. 저는 이 가게를 좋아합니다. 이 가게를 추천하고 싶습니다.

*하나가구는 오전 9시부터 오후 8시까지 합니다. 월요일에 쉽니다. 월요일에 가지 마세요!

2 **위의 글은 좋아하는 가게에 대한 내용이에요. 읽고 답해 보세요.**
The passage above is about a store worth recommending. Read and answer the questions.

(1) Ⓐ에 들어갈 말로 알맞은 것을 골라 보세요.
Choose the right words for Ⓐ.

① 옷장, 책장, 침대　② 모자, 바지, 티셔츠　③ 카메라, 컴퓨터, 텔레비전

(2) 이 가게를 추천하는 이유가 무엇입니까?
Why is this store recommended?

① 가구가 예쁩니다 ______________________.

② ______________________.

③ ______________________.

(3) 읽은 내용과 같으면 ○, 다르면 ×로 표시해 보세요.
Mark ○ if it is true, × if it is false.

① 가게는 오후부터 문을 엽니다. (　　　)　② 손님들이 월요일에 많습니다. (　　　)

3 여러분이 좋아하는 가게에 대한 글을 써 보세요.

Write about your favorite store.

(1) 다음 질문을 보고 메모해 보세요.
Write a note about the following questions.

가게의 이름은 무엇입니까?	
가게는 어디에 있습니까?	
가게에 무엇이 있습니까?	
왜 그 가게를 추천합니까?	

(2) 위의 메모를 바탕으로 좋아하는 가게에 대한 글을 써 보세요.
Based on the notes above, write about your favorite store.

준비하기

- 다음은 한국의 된장국과 된장찌개예요. 이 음식들의 공통점은 무엇일까요?
  Below are Korean soybean paste soup and soybean paste stew. What do these foods have in common?

알아보기

- '국, 탕, 찌개, 전골'은 모두 국물이 있는 음식인데 국물의 양이나 끓이는 방식에서 차이가 있어요. '탕'은 '국'보다 오래 끓이기 때문에 국물이 진하고, '찌개, 전골'은 '국, 탕'보다 국물의 양이 적어요.
  국, 탕, 찌개, 전골 are all terms describing soup in Korean, but there is a difference in the amount of broth and the way it is boiled. Since 탕 is boiled longer than 국, the broth is thicker, and 찌개, 전골 have less broth than 국 and 탕.

생각해 보기

- 한국 사람들이 국물 음식을 즐겨 먹는 이유는 무엇일지 이야기해 보세요.
  Talk about why Koreans enjoy eating soup.

- 한국의 국물 음식을 먹어 봤거나 먹고 싶은 음식에 대해서 이야기해 보세요.
  Talk about any Korean soup dish you have tried or want to eat.

어휘와 표현 확인
Vocabulary and expressions check

의미를 아는 어휘나 표현에 ✓표 해 보세요.
Check(✓) the vocabulary or expressions that you know.

1 운동화를 사고 싶어요

- ☐ 백 hundred
- ☐ 천 thousand
- ☐ 만 ten thousand
- ☐ 십만 hundred thousand
- ☐ 백만 million
- ☐ 천만 ten million
- ☐ 억 hundred million
- ☐ 지우개 eraser
- ☐ 볼펜 ballpoint pen
- ☐ 티셔츠 T-shirt
- ☐ 바지 pants
- ☐ 운동화 sneakers
- ☐ 구두 shoes
- ☐ 카메라 camera
- ☐ 자동차 car
- ☐ 얼마 how much
- ☐ 원 won
- ☐ 왜 why
- ☐ 선물을 받다 to receive a present
- ☐ 피곤하다 to be tired
- ☐ 한복 Hanbok
- ☐ 필요하다 to need
- ☐ 찾다 to look for
- ☐ 선물하다 to give a gift
- ☐ 다음 주 next week

2 사과 다섯 개 주세요

- ☐ 맛있다 to be delicious
- ☐ 맛없다 to be not delicious
- ☐ 뜨겁다 to be hot
- ☐ 차갑다 to be cold
- ☐ 좋다 to be good
- ☐ 나쁘다 to be bad
- ☐ 비싸다 to be expensive
- ☐ 싸다 to be cheap
- ☐ 많다 to be a lot
- ☐ 적다 to be little
- ☐ 크다 to be big
- ☐ 작다 to be small
- ☐ 딸기 strawberry
- ☐ 사과 apple
- ☐ 넣다 to put
- ☐ 알겠다 I see
- ☐ 꼭 be sure to
- ☐ 손을 씻다 to wash hands
- ☐ 늦다 to be late
- ☐ 쪽 page
- ☐ 기다리다 to wait
- ☐ 따라오다 to follow
- ☐ 앉다 to sit
- ☐ 주문하다 to order
- ☐ 맛있게 deliciously
- ☐ 인기 상품 popular products
- ☐ 닭고기 chicken
- ☐ 과자 snacks
- ☐ 또 again
- ☐ 상품 후기 product review
- ☐ 개 counting unit (object)
- ☐ 권 counting unit (book)
- ☐ 명 counting unit (people)
- ☐ 병 counting unit (bottle)
- ☐ 배 pear

3 식당에 자주 가요

- ☐ 불고기 bulgogi
- ☐ 다니다 to go, to visit
- ☐ 그다음 after that
- ☐ 김치볶음밥 kimchibokkeumbap
- ☐ 다 all
- ☐ 양 amount
- ☐ 가격 price
- ☐ 괜찮다 to be okay
- ☐ 제일 the best
- ☐ 콜라 coke
- ☐ 가구 furniture
- ☐ 추천하다 to recommend
- ☐ 가구점 furniture store
- ☐ 소개하다 to introduce
- ☐ 예쁘다 to be pretty
- ☐ 주인 owner

Appendix
부록

2단원 | 소개 Introductions

3 **학생 A와 학생 B가 되어 다음 사람들의 국적과 직업을 묻고 대답해 보세요. 그리고 빈칸에 알맞게 써 보세요.** With student A, ask and answer questions about the nationalities and jobs of these people. Then fill in the blanks.

학생 A p.57 >

학생 B

이름			이름		
(1) 다니엘	국적 :	독일	(2) 올가	국적 :	러시아
	직업 :	회사원		직업 :	______
(3) 리암	국적 :	______	(4) 니차야	국적 :	______
	직업 :	경찰		직업 :	기자
(5) 사토미	국적 :	일본	(6) 올리버	국적 :	호주
	직업 :	______		직업 :	______
(7) 파비앙	국적 :	______	(8) 리웨이	국적 :	______
	직업 :	운동선수		직업 :	요리사

A 다니엘은 어느 나라 사람이에요?

B 독일 사람이에요. 다니엘은 직업이 뭐예요?

A 회사원이에요.

4단원 | 물건과 장소 Objects and places

3 **학생 A와 학생 B가 되어 다음의 물건이 어디에 있는지 묻고 대답해 보세요. 그리고 물건의 위치에 번호와 이름을 알맞게 써 보세요.** With student A, ask and answer questions about where the following items are located. Then write the item number and name in the appropriate positions.

학생 A p.97 >

학생 B (2) 시계 (4) 옷 (6) 책 (8) 컴퓨터 (10) 휴대 전화

A 가방이 어디에 있어요?

B 소파 옆에 있어요.

문화 해설
Cultural notes

2단원 | 호칭 Address terms

p.66 >

Q **한국 사람들은 가족 사이에 서로 어떻게 불러요?**
What do Koreans call their family members?

A 윗사람에게는 이름을 부르지 않고 '아버지, 어머니, 언니, 오빠, 형, 누나'와 같이 가족 관계를 가리키는 말을 사용해서 불러요. 아랫사람에게는 이름을 부르는데 '아/야'를 사용해서 '지유야, 서준아'와 같이 성을 빼고 이름만 부르는 게 일반적이에요.
When referring to an older family member, people use kinship terms such as 아버지, 어머니, 언니, 오빠, 형, 누나 after their names, rather than calling their name directly. When calling a younger family member, people add 아/야 to their first name and omit the last name, such as 지유야, 서준아.

Q **학교나 직장에서는 다른 사람을 부를 때 어떻게 불러요?**
How do you refer to people at school or work?

A 보통 '선생님, 대표님, 부장님' 등 직함을 사용해서 불러요. '선생님'과 같이 직함만 부를 수도 있고, '김 선생님, 김미나 선생님'과 같이 성 또는 성, 이름을 사용해서 부를 수도 있어요. 하지만 '미나 선생님'이라고 부르지는 않아요. 동료나 아랫사람을 부를 때는 '씨'를 사용하기도 해요. '조민재 씨, 민재 씨' 모두 가능하지만 성만 사용해서 '조 씨'라고 부르지는 않으니까 주의하세요!
They usually use titles such as 선생님, 대표님, 부장님 and so on. You can use just the title like 선생님, or add the last name or full name before 선생님 such as 김 선생님 or 김미나 선생님. However, you cannot say 미나 선생님. When calling a colleague or a subordinate, people use 씨. 조민재 씨 and 민재 씨 are both possible. You want to be careful about calling only their last name and say 조 씨 because it can be considered impolite.

3단원 | 유용한 전화번호 Useful numbers to know

p.86 >

Q **한국에서 긴급한 상황이 발생했을 때 어디에 전화하면 될까요?**
Where should we call in case of an emergency in Korea?

A 한국에 사는 외국인들이 꼭 알고 있어야 할 전화번호는 112와 119예요. 112는 범죄나 교통사고 등이 발생했을 때, 119는 재난이나 화재, 응급 상황이 발생했을 때 전화하면 돼요. 그리고 문자나 애플리케이션 등 다양한 방법으로 24시간 신고할 수 있어요. 만약 112에 전화를 걸었는데 말하기가 어려운 상황이라면 숫자를 '똑똑' 누르면 돼요. 그러면 경찰이 여러분의 위치를 찾아서 도움을 줄 거예요.
The phone numbers that foreigners must know are 112 and 119. You can call 112 in case of a crime or traffic accident, and 119 when a disaster, fire, or emergency occurs. You can also report them 24 hours a day through various means, such as text messages and applications. If you call 112 and are unable to speak, you can press any number on the phone. The police will then trace your location and give you help.

Q **이 밖에도 외국인이 알아 두면 좋은 전화번호가 있을까요?**
Is there any other helpful phone number that foreigners should know?

A 1330, 1339, 120도 외국인들이 알아 두면 좋은데요. 1330은 한국 여행 정보를 안내를 받을 수 있는 전화번호인데 24시간 영어, 일본어, 중국어 등 다양한 언어로 정보를 얻을 수 있어요. 그리고 1339에 전화하면 질병이나 감염병에 대한 정보를 얻고 상담도 받을 수 있어요. 서울 생활 전반에 대해 궁금한 것이 있을 때는 120에 전화하면 다양한 언어로 안내를 받을 수 있어요.

1330, 1339, and 120 are also helpful numbers for foreigners. 1330 is a phone number where you can obtain information about your trip in Korea, and you can receive information in various languages such as English, Japanese, and Chinese 24 hours a day. Additionally, you can get information about diseases by calling 1339. If you have any questions about living in Seoul, you can obtain information in various languages by calling 120.

4단원 | 외래어 Loanwords

p.106 >

Q **외래어가 뭐예요?**
What is a loanword?

A 외래어는 외국에서 들어온 말로 한국어에서 널리 쓰이는 단어를 말해요. 우리가 일상에서 쓰는 단어에서도 외래어를 찾아볼 수 있는데 '테이블, 아파트, 커피, 케이크, 버스, 택시' 등이 있어요. 그리고 '샴푸, 린스' 등의 생활용품에서 '컴퓨터, 텔레비전, 라디오' 등의 전자 제품에 이르기까지 다양하게 외래어가 쓰이고 있어요. 이 밖에도 '피자, 티셔츠, 콘서트, 드라마, 아르바이트' 등 다양한 외래어가 있어요.

Loanwords refer to foreign words that are widely used in the Korean language. We can encounter loanwords in daily life such as 테이블, 아파트, 커피, 케이크, 버스, 택시. These words may range from everyday products like 샴푸, 린스 to electronic devices like 컴퓨터, 텔레비전, 라디오. Also, 피자, 티셔츠, 콘서트, 드라마, 아르바이트 are other examples of loanwords.

5단원 | 공공 서비스의 이용시간 The operating hours of public services

p.126 >

Q **한국의 공공시설 이용 시간은 어떻게 돼요?**
What are the operating hours of public facilities in Korea?

A 공공시설마다 이용 시간에 차이가 있는데 출입국·외국인청은 평일 오전 9시부터 오후 6시까지 하고 주말에는 안 해요. 우체국에서는 우편, 금융 등의 서비스를 제공하고 있는데 우편 서비스는 평일 오전 9시부터 오후 6시까지 하고, 금융 서비스는 평일 오전 9시부터 오후 4시 30분까지 해요. 은행은 보통 평일 오전 9시부터 오후 4시까지 하고 주말에는 은행의 현금 인출기를 24시간 이용할 수 있어요.

Public facilities have their own operating hours. The Immigration Office is open from 9 a.m. to 6 p.m. on weekdays and closed on weekends. The post offices provide both mailing and financial services. The hours for mailing services are from 9 a.m. to 6 p.m. on weekdays, and financial services are from 9 a.m. to 4:30 p.m. on weekdays. Banks usually operate from 9 a.m. to 4 p.m. on weekdays, but their ATM services are available 24/7, including weekends.

Q **버스와 지하철의 운행 시간은 어떻게 돼요?**
What are running hours of the bus and subway?

A 버스마다 운행 시간이 다른데 첫차는 보통 새벽 4시에서 5시 사이에 운행을 시작하고, 막차는 밤 10시에서 11시 사이에 있어요. 지하철은 보통 새벽 5시에서 5시 30분 사이에 운행을 시작해서 밤 11시에서 12시 정도까지 운행해요. 그리고 버스와 지하철 모두 오전 6시 30분 전에 타면 요금을 할인해 주는 조조할인이 있어요.

Each bus has a different operating time, and the first bus usually starts between 4 a.m. and 5 a.m., and the last bus runs until 10 p.m. to 11 p.m. The subway usually starts between 5 a.m. and 5:30 a.m. and runs until 11 p.m. to 12 p.m. An early morning discount for both buses and subways is available if you take them before 6:30 a.m.

6단원 | 한국의 국물 음식 Korean soup

p.146 >

Q **한국의 국물 음식에는 뭐가 있어요?**
What are the kinds of Korean soup?

A 한국에는 국물 음식이 많은데 국물 음식에는 '국, 탕, 찌개, 전골' 등이 있어요. 국물의 양과 끓이는 방법에 따라 '국, 탕, 찌개, 전골'로 나뉘는데 '국'이 가장 국물이 많고 '탕'은 오래 끓여서 국물이 진해요. '찌개와 전골'은 '국, 탕'보다 국물이 적고 건더기가 많아요. '전골'은 '찌개'보다 양념이 적게 들어가고 국물이 적어요. 한국 사람들이 이런 국물 음식을 즐겨 먹는 이유는 주식이 밥이기 때문이에요. 쌀로 만든 밥을 먹기 위해 국물 음식이 발달했어요.

There are various types of Korean soup dishes including 국, 탕, 찌개, 전골. Depending on the amount of broth and the way it is boiled, it is divided into 국, 탕, 찌개, or 전골. 국 has light broth while the broth of 탕 is thicker because it has been boiled for a long time. 찌개 and 전골 have less broth and contain more ingredients than 국 and 탕. 전골 contains less seasoning than 찌개 and has less broth than 찌개. Koreans enjoy eating these soups because their main food is rice. In order to eat with rice, Koreans have created a wide of variety of soups.

듣기 지문 및 정답
Listening script and answers

1단원 | 한국어와 한글 Korean language and Hangeul

1 한글 익히기 1 Learning Hangeul 1

모음 1 *p.28*

5. (1) ① (2) ① (3) ① (4) ② (5) ① (6) ②

자음 1 *p.31*

5. (1) ① (2) ② (3) ① (4) ① (5) ② (6) ②

2 한글 익히기 2 Learning Hangeul 2

모음 2 *p.33*

5. (1) ① (2) ② (3) ② (4) ② (5) ① (6) ②

자음 2 *p.36*

5. (1) ① (2) ② (3) ① (4) ② (5) ① (6) ②

3 한글 익히기 3 Learning Hangeul 3

모음 3 *p.39*

5. (1) ① (2) ① (3) ② (4) ② (5) ① (6) ②
(7) ② (8) ②

받침 *p.42*

4. (1) ② (2) ③ (3) ① (4) ③ (5) ① (6) ②

문장 만들기 *p.45*

3. (1) ② (2) ① (3) ② (4) ②

2단원 | 소개 Introductions

1 이름이 뭐예요? What is your name?

어휘와 표현 *p.50*

2. (1) 한국 사람 (2) 프랑스 사람 (3) 태국 사람
(4) 미국 사람 (5) 일본 사람 (6) 독일 사람
(7) 브라질 사람 (8) 러시아 사람

문법 *pp.51~52*

1. (1) 제이슨 이름이 뭐예요?
지유 박지유예요.

(2) 샤니 독일 사람이에요?
다니엘 네. 독일 사람이에요.

(1) ② (2) ①

2. (1) ⓑ (2) ⓐ (3) ⓒ (4) ⓔ (5) ⓓ

3. (1) A 리카예요?
B 네. 리카예요.
A 일본 사람이에요?
B 네. 일본 사람이에요.

(2) A 레아예요?
B 네. 레아예요.
A 프랑스 사람이에요?
B 네. 프랑스 사람이에요.

(3) A 김민지 선생님이에요?
B 네. 김민지 선생님이에요.
A 한국 사람이에요?
B 네. 한국 사람이에요.

(4) A 샤오동이에요?
B 네. 샤오동이에요.
A 중국 사람이에요?
B 네. 중국 사람이에요.

(5) A 다니엘이에요?
B 네. 다니엘이에요.
A 독일 사람이에요?
B 네. 독일 사람이에요.

(6) A 타나펀이에요?
B 네. 타나펀이에요.
A 태국 사람이에요?
B 네. 태국 사람이에요.

듣고 말하기 *pp.53~54*

2. (1) 로건 안녕하세요? 저는 로건이에요.
사토미 안녕하세요? 로건 씨, 저는 사토미예요.
만나서 반가워요.

(1) ①, ②

(2) 나티 안녕하세요? 저는 나티예요.
이름이 뭐예요?
마린 저는 마린이에요.
나티 마린 씨, 어느 나라 사람이에요?
마린 저는 프랑스 사람이에요.
나티 씨, 어느 나라 사람이에요?
나티 저는 태국 사람이에요. 만나서 반가워요.

(2) ① 나티 — ⓐ 태국
② 마린 — ⓑ 프랑스

3. 브루나 안녕하세요? 저는 브루나예요.
브라질 사람이에요. 만나서 반가워요.
제이슨 안녕하세요? 저는 제이슨이에요.
미국 사람이에요.
샤니 만나서 반가워요. 저는 샤니예요.
케냐 사람이에요.

(1) ② (2) 미국 사람이에요.

발음

1. (1) ☑ 레아예요? ☐ 레아예요.
(2) ☑ 미국 사람이에요. ☐ 미국 사람이에요?

2 제 친구는 회사원이에요 My friend is an office worker

문법 *pp.56~57*

2. (1) ⓑ (2) ⓔ (3) ⓐ (4) ⓓ (5) ⓒ

3.

(1) 다니엘	국적: 독일 직업: 회사원	(2)올가	국적: 러시아 직업: 학생
(3)리암	국적: 미국 직업: 경찰	(4)니차야	국적: 태국 직업: 기자
(5)사토미	국적: 일본 직업: 가수	(6)올리버	국적: 호주 직업: 배우
(7)파비앙	국적: 프랑스 직업: 운동선수	(8)리웨이	국적: 중국 직업: 요리사

(1) A 다니엘은 어느 나라 사람이에요?
B 독일 사람이에요. 다니엘은 직업이 뭐예요?
A 회사원이에요.

(2) A 올가는 어느 나라 사람이에요?
B 러시아 사람이에요. 올가는 직업이 뭐예요?
A 학생이에요.

(3) B 리암은 어느 나라 사람이에요?
A 미국 사람이에요. 리암은 직업이 뭐예요?
B 경찰이에요.

(4) B 니차야는 어느 나라 사람이에요?
A 태국 사람이에요. 니차야는 직업이 뭐예요?
B 기자예요.

(5) A 사토미는 어느 나라 사람이에요?
B 일본 사람이에요. 사토미는 직업이 뭐예요?
A 가수예요.

(6) A 올리버는 어느 나라 사람이에요?
B 호주 사람이에요. 올리버는 직업이 뭐예요?
A 배우예요.

(7) B 파비앙은 어느 나라 사람이에요?
A 프랑스 사람이에요. 파비앙은 직업이 뭐예요?
B 운동선수예요.

(8) B 리웨이는 어느 나라 사람이에요?
A 중국 사람이에요. 리웨이는 직업이 뭐예요?
B 요리사예요.

읽고 말하기 p.58

2. (1) ① × ② ○ ③ ○ (2) 간호사예요.

3 학생이 아니에요 He is not a student

문법 익히기 pp.60~61

2. (1) ⓐ (2) ⓒ (3) ⓓ (4) ⓔ (5) ⓑ

3. (1) 오빠가 아니에요
(2) 주스가 아니에요
(3) 운동선수가 아니에요
(4) 다니엘이 아니에요
(5) 학생이 아니에요

듣고 말하기 p.62

2.
샤오동	누구예요?
지유	김연아 선수예요.
샤오동	김연아 선수요? 가수가 아니에요?
지유	가수가 아니에요. 운동선수예요.
샤오동	어느 나라 사람이에요?
지유	한국 사람이에요.

(1) ② (2) ① ○ ② ×

3.
타나펀	누구예요?
서준	봉준호 감독이에요.
타나펀	네? 박준하요?
서준	박준하가 아니에요. 봉준호 감독이에요.
타나펀	네. 한국 사람이에요?
서준	한국 사람이에요. 한국 영화감독이에요.

(1) ① 이름: ☑ 봉준호 ☐ 박준하
② 직업: ☐ 영화배우 ☑ 영화감독

(2) 한국 사람이에요.

읽고 쓰기 p.64

2. (1) ① (2) ① ○ ② × ③ ○ (3) ③

3단원 | 일상생활 Daily life

1 요즘 공부해요 I study these days

문법 pp.71~72

1. (1)
타나펀	지금 뭐 해요?
제이슨	쉬어요.

(2)
샤오동	공부해요?
브루나	아니요. 운동해요.

(1) ② (2) ②

2. (1) ⓐ (2) ⓒ (3) ⓔ (4) ⓓ (5) ⓑ

3. (1) A 가요?
B 네. 가요.
(2) A 봐요?
B 네. 봐요.
(3) A 써요?
B 네. 써요.
(4) A 입어요?
B 네. 입어요.
(5) A 일해요?
B 네. 일해요.
(6) A 이야기해요?
B 네. 이야기해요.

듣고 말하기 **pp.73~74**

1. (1)

샤니	여보세요. 레아 씨, 지금 뭐 해요?
레아	저는 지금 운동해요.
샤니	그래요? 그럼 리카 씨는 뭐 해요?
레아	리카 씨는 지금 자요.

(2)

서준	타나펀 씨, 요즘 잘 지내요?
타나펀	네. 잘 지내요.
서준	한국 생활은 어때요?
타나펀	조금 바빠요. 그렇지만 재미있어요.

(1) ① (2) ②

3.

브루나	다니엘 씨, 요즘 잘 지내요?
다니엘	네. 잘 지내요. 요즘 일해요.
브루나	그래요? 일은 어때요?
다니엘	조금 힘들어요. 브루나 씨는 요즘 뭐 해요?
브루나	저는 요즘 공부해요. 정말 재미있어요.

(1) ① ○ ② ○ (2) 공부해요.

발음

1. (1) 독일 [☐ 독일, ☑ 도길]
   (2) 외국인 [☐ 외국인, ☑ 외구긴]
   (3) 선생님은 [☑ 선생니믄, ☐ 선생님은]
   (4) 사람이에요 [☑ 사라미에요, ☐ 사람이에요]

2 시험이 며칠이에요? What's the date of the exem?

문법 **pp.76~77**

2. (1) ⓓ (2) ⓑ (3) ⓐ (4) ⓒ (5) ⓔ

3. (1) A 오늘이 며칠이에요?
   B 12월 3일이에요. 금요일이에요.
   (2) A 생일이 며칠이에요?
   B 12월 5일이에요. 일요일이에요.
   (3) A 기말시험이 며칠이에요?
   B 12월 14일이에요. 화요일이에요.
   (4) A 크리스마스가 며칠이에요?
   B 12월 25일이에요. 토요일이에요.
   (5) A 문화 수업이 며칠이에요?
   B 12월 30일이에요. 목요일이에요.

읽고 말하기 **p.78**

2. (1) ③ (2) ① 11월 24일, 목요일이에요 ② 며칠이에요

3 한국어를 배워요 I am learning Korean

문법 **pp.80~81**

2. (1) ⓑ (2) ⓔ (3) ⓓ (4) ⓐ (5) ⓒ

3. (1) 바나나를 좋아해요
   (2) 이름을 써요
   (3) 책을 읽어요
   (4) 지금 옷을 입어요
   (5) 오늘 다니엘을 만나요

듣고 말하기 **p.82**

2.

타나펀	샤오동 씨, 한국 생활이 어때요?
샤오동	바빠요. 요즘 한국 요리를 배워요.
타나펀	그래요? 재미있어요?
샤오동	네. 재미있어요. 타나펀 씨는 뭐 해요?
타나펀	저는 요즘 드라마를 많이 봐요.

(1) ① (2) 드라마를 봐요.

3. 브루나 안녕하세요? 저는 브루나예요. 브라질 사람이에요. 여러분은 한국 생활이 어때요? 저는 한국 친구가 있어요. 친구의 이름은 지유예요. 저는 한국 음식을 좋아해요. 그래서 우리는 같이 한국 음식을 먹어요. 한국 생활이 정말 재미있어요.

(1) ① (2) ① ○ ② ○ ③ ×

읽고 쓰기 *p.84*

2. (1)

① ⓐ

② ⓑ

(2) ③ (3) ① 바빠요. ② 재미있어요.

4단원 | 물건과 장소 Objets and places

1 이 책이 한국어 책이에요? Is this a Korean language book?

문법 *pp.91~92*

1. (1) 제이슨 한국어 책이에요?
리카 네. 이 책은 한국어 책이에요.

(2) 샤오둥 누구예요?
브루나 저 사람은 샤니예요.

(1) ② (2) ①

2. (1) ⓑ (2) ⓒ (3) ⓔ (4) ⓐ (5) ⓓ

3. (1) A 다니엘 씨, 이것은 뭐예요?
B 그것은 모자예요.

A 그것은 뭐예요?
B 이것은 연필이에요.

A 저것은 뭐예요?
B 저것은 휴대 전화예요.

(2) A 다니엘 씨, 이것은 뭐예요?
B 그것은 필통이에요.

A 그것은 뭐예요?
B 이것은 가방이에요.

A 저것은 뭐예요?
B 저것은 안경이에요.

(3) A 다니엘 씨, 이것은 뭐예요?
B 그것은 책이에요.

A 그것은 뭐예요?
B 이것은 지갑이에요.

A 저것은 뭐예요?
B 저것은 시계예요.

듣고 말하기 *p.93~94*

2. (1) 레아 안녕하세요? 저는 레아예요. 이게 제 가방이에요. 가방에 휴대 전화, 지갑, 안경이 있어요.

(2) 제이슨 리카 씨, 이 모자가 리카 씨 모자예요?
리카 아니요. 그건 제 모자가 아니에요.
제이슨 그래요? 그럼 저 모자가 리카 씨 모자예요?
리카 네. 맞아요. 저게 제 모자예요.

(1) ③ (2) ②

3. 샤니 다니엘 씨, 여기가 학생 식당이에요?
다니엘 네. 여기가 학생 식당이에요.
샤니 저 건물은 뭐예요? 도서관이에요?
다니엘 아니요. 도서관이 아니에요. 기숙사예요.

(1) ① (2) 기숙사예요.

발음

1. (1) 학교 [☑ 학꾜, □ 학교]
   (2) 식당 [□ 식당, ☑ 식땅]
   (3) 숙제 [☑ 숙쩨, □ 숙제]
   (4) 기숙사 [□ 기숙사, ☑ 기숙싸]

2 가방이 책상 위에 있어요 The bag is on the desk

어휘와 표현 *p.95*

2. (1) 의자 뒤 (2) 소파 위 (3) 테이블 밑/아래
   (4) 침대 옆 (5) 책장 앞 (6) 옷장 안

문법 *pp.96~97*

2. (1) ⓔ (2) ⓑ (3) ⓐ (4) ⓒ (5) ⓓ

3.

(1) A 가방이 어디에 있어요?
    B 소파 옆에 있어요.

(2) B 시계가 어디에 있어요?
    A 책상 위에 있어요. 공책 옆에 있어요.

(3) A 공책이 어디에 있어요?
    B 책상 위에 있어요. 시계 옆에 있어요.

(4) B 옷이 어디에 있어요?
    A 옷장 안에 있어요.

(5) A 모자가 어디에 있어요?
    B 옷장 위에 있어요.

(6) B 책이 어디에 있어요?
    A 침대 위에 있어요?

(7) A 의자가 어디에 있어요?
    B 책상 앞에 있어요.

(8) B 컴퓨터가 어디에 있어요?
    A 테이블 위에 있어요.

(9) A 지갑이 어디에 있어요?
    B 테이블 밑(아래)에 있어요.

(10) B 휴대 전화가 어디에 있어요?
     A 소파 밑(아래)에 있어요.

읽고 말하기 *p.98*

2. (1) ① (2) ① 휴게실에 학생들이 많아요. ② 옷장이 침대 옆에 있어요.

3 거실과 주방이 있어요 There's a living room and a kitchen

문법 *pp.100~101*

2. (1) ⓓ (2) ⓑ (3) ⓐ (4) ⓒ (5) ⓔ

3. (1) 책과 휴대 전화가 있어요 / 책하고 휴대 전화가 있어요
   (2) 제이슨과 마이클이 미국 사람이에요 /
       제이슨하고 마이클이 미국 사람이에요
   (3) 테이블과 침대가 있어요 / 테이블하고 침대가 있어요
   (4) 기숙사와 도서관이 있어요 / 기숙사하고 도서관이 있어요
   (5) 화요일과 목요일에 쉬어요 / 화요일하고 목요일에 쉬어요

듣고 말하기 p.102

2.

샤니	제이슨 씨, 어디에 살아요?
제이슨	신촌에 살아요.
샤니	아파트에 살아요?
제이슨	네. 아파트에 살아요.
샤니	그럼 회사가 어디에 있어요?
제이슨	지하철역 근처에 있어요.

(1) ① ○ ② × (2) ③

3.

샤오동	브루나 씨, 집이 어디에 있어요?
브루나	학교 옆에 있어요.
샤오동	그래요? 집이 어때요?
브루나	좋아요. 거실하고 주방이 있어요.
샤오동	그럼 집 근처에 뭐가 있어요?
브루나	집 앞에 공원이 있어요.

(1) ② (2) 공원이 있어요.

읽고 쓰기 p.104

2. (1) ③ (2) ① ○ ② × ③ ○ (3) ②

5단원 | 하루 일과 Daily schedule

1 수업은 몇 시에 시작해요? When does the class begin?

어휘와 표현 p.110

3. (1) A 몇 시예요?
   B 한 시 팔 분이에요.

(2) A 몇 시예요?
   B 네 시 십구 분이에요.

(3) A 몇 시예요?
   B 다섯 시 이십 분이에요.

(4) A 몇 시예요?
   B 여섯 시 이십육 분이에요.

(5) A 몇 시예요?
   B 일곱 시 삼십일 분이에요.

(6) A 몇 시예요?
   B 여덟 시 삼십사 분이에요.

(7) A 몇 시예요?
   B 열 시 사십오 분이에요.

(8) A 몇 시예요?
   B 열두 시 오십칠 분이에요.

문법 pp.111~112

1. (1) 타나펀 언제 운동해요?
   서준 저는 보통 토요일에 운동해요.

(2) 리카 언제 친구를 만나요?
   제이슨 오늘 2시에 친구를 만나요.

(1) ① (2) ①

2. (1) ⓓ (2) ⓒ (3) ⓑ (4) ⓔ (5) ⓐ

3. (1) A 브루나는 몇 시에 일어나요?
   B 오전 7시 30분에 일어나요.

(2) A 브루나는 몇 시에 한국어를 배워요?
   B 오전 9시 10분에 한국어를 배워요.

(3) A 브루나는 몇 시에 책을 읽어요?
   B 오후 8시에 책을 읽어요.

(4) A 민재는 몇 시에 출근해요?
   B 오전 8시 40분에 출근해요.

(5) A 민재는 몇 시에 회의해요?
   B 오전 11시에 회의해요.

(6) A 민재는 몇 시에 퇴근해요?
   B 오후 6시에 퇴근해요.

듣고 말하기 pp.113~114

2. (1)

샤니	타나펀 씨, 오늘 오후에 시간이 있어요?
타나펀	아니요. 제가 오후에 댄스를 배워요.
샤니	그래요? 몇 시에 댄스를 배워요?
타나펀	3시 반에 배워요. 그리고 6시에 친구를 만나요.

(2)

샤오동	레아 씨, 요즘 뭐 해요?
레아	저는 요즘 노래와 요리를 배워요.
샤오동	수업은 몇 시에 있어요?
레아	노래는 목요일 오후 4시, 요리는 일요일 오전 10시에 수업이 있어요.

(1) ①, ④

(2) ① 노래 • —— • 목요일 • —— • 오전 10시
② 요리 • —— • 일요일 • —— • 오후 4시

3.

직원	여보세요. 이화문화센터예요.
브루나	다음 달 문화 센터 수업은 언제 시작해요?
직원	1일, 월요일에 시작해요.
브루나	사진 교실은 언제 있어요?
직원	토요일 오후 1시에 있어요.

(1) ① (2) 토요일, 오후 1시

발음

1. (1) 잡니다 [☐ 잡니다, ☑ 잠니다]
(2) 쉽니까 [☑ 쉼니까, ☐ 쉽니까]
(3) 운동합니다 [☑ 운동함니다, ☐ 운동합니다]
(4) 가수입니까 [☐ 가수입니까, ☑ 가수임니까]

2 점심시간은 1시부터 2시까지예요
Lunch hours are from 1 p.m. to 2 p.m.

문법 pp.116~117

2. (1) ⓔ (2) ⓒ (3) ⓐ (4) ⓓ (5) ⓑ

3. (1) A 언제 아르바이트해요?
B 일요일 오후 2시부터 6시까지 해요.

(2) A 언제 친구를 만나요?
B 월요일 오후 1시부터 3시까지 만나요.

(3) A 언제 영어를 배워요?
B 화요일 오전 11시부터 12시까지 배워요.

(4) A 언제 드라마를 봐요?
B 수요일과 목요일 오후 9시 30분부터 10시 30분까지 봐요.

(5) A 언제 영어 숙제해요?
B 금요일 오전 8시부터 10시까지 숙제해요.

(6) A 언제 운동해요?
B 토요일 오전 7시부터 8시까지 운동해요.

읽고 말하기 p.118

2. (1) ② (2) ① 오후 5시에 시작해요. ② 토요일과 일요일에 문을 닫아요.

3 저는 7시에 일어납니다 I get up at 7 o'clock

문법 pp.120~121

2. (1) ⓐ (2) ⓒ (3) ⓓ (4) ⓑ (5) ⓔ

3. (1) 10시 15분입니다
(2) 삽니까 삽니다
(3) 좋아합니까, 좋아합니다
(4) 쉽니다
(5) 재미없습니다

듣고 말하기 p.122

2. 저는 제이슨입니다. 오전에 한국어를 배웁니다. 오후 1시 30분에 점심을 먹습니다. 보통 김밥을 먹습니다. 그리고 월요일과 화요일 오후에 영어를 가르칩니다. 영어 수업은 오후 2시부터 6시까지 있습니다. 7시에 저녁을 먹습니다.

(1) ① (2) ① × ② ○

3. 레아 민재 씨는 보통 퇴근 후에 무엇을 합니까?
민재 저는 운동을 좋아합니다. 그래서 퇴근 후에 보통 저녁 7시부터 8시까지 운동합니다.
레아 매일 운동합니까?
민재 아니요. 월요일부터 목요일까지 운동합니다. 금요일은 퇴근 후에 친구를 만납니다. 레아 씨는 금요일 저녁에 무엇을 합니까?
레아 저는 보통 영화를 봅니다.

(1) ③ (2) 보통 영화를 봐요.

읽고 쓰기 *p.124*

2. (1) ② -> ③ -> ① (2) ① ○ ② × ③ ○ (3) ①

6단원 | 쇼핑과 음식 Shopping and food

1 운동화를 사고 싶어요 I would like to buy sneakers

문법 *pp.131~132*

1. (1) 타나펀 점심에 뭘 먹어요?
샤오동 비빔밥을 먹고 싶어요.
(2) 제이슨 왜 한국어를 공부해요?
브루나 한국 드라마를 보고 싶어요.

(1) ② (2) ①

2. (1) ⓒ (2) ⓑ (3) ⓓ (4) ⓐ (5) ⓔ

3. (1) A 뭐 하고 싶어요?
B 쇼핑하고 싶어요.
(2) A 뭐 하고 싶어요?
B 아르바이트하고 싶어요.
(3) A 뭐 하고 싶어요?
B 한복을 입고 싶어요.
(4) A 뭐 하고 싶어요?
B 한국어를 배우고 싶어요.
(5) A 뭐 하고 싶어요?
B 한국 음식을 먹고 싶어요.
(6) A 뭐 하고 싶어요?
B 한국 가수를 만나고 싶어요.

듣고 말하기 *pp.133~134*

2. (1) 리카 레아 씨, 내일 혹시 시간이 있어요? 같이 쇼핑하고 싶어요.
레아 네. 시간이 있어요. 리카 씨는 뭘 사고 싶어요?
리카 모자하고 운동화를 사고 싶어요. 레아 씨는요?
레아 저는 구두가 필요해요. 그래서 구두를 사고 싶어요.

(2) 점원 어서 오세요. 뭘 찾으세요?
서준 가방하고 지갑을 사고 싶어요. 저 가방은 얼마예요?
점원 60,000원이에요.
서준 그럼 이 지갑은 얼마예요?
점원 이건 45,000원이에요.

(1) ① 리카
② 레아

(2) ①

3. 지유 타나펀 씨, 무슨 옷을 사고 싶어요?
타나펀 내일이 친구 생일이에요. 그래서 티셔츠를 하나 선물하고 싶어요.
지유 그래요? 그럼 이 티셔츠는 어때요?
타나펀 좋아요. 그건 얼마예요?
지유 17,000원이에요.

(1) ② (2) 친구 생일에 선물하고 싶어요.

발음

1. (1) 좋아요 [☐ 조하요, ☑ 조아요]
   (2) 넣어요 [☑ 너어요, ☐ 너허요]
   (3) 많아요 [☑ 마나요, ☐ 만하요]
   (4) 싫어요 [☐ 실허요, ☑ 시러요]

2 사과 다섯 개 주세요 Please give me five apples

문법 **pp.136~137**

2. (1) ⓐ (2) ⓒ (3) ⓓ (4) ⓑ

3. (1) A 잠깐만 기다리세요.
   B 네. 알겠습니다.

   (2) A 저를 따라오세요.
   B 네. 알겠습니다.

   (3) A 여기에 앉으세요.
   B 네. 알겠습니다.

   (4) A 주문하세요.
   B 네. 알겠습니다.

   (5) A 맛있게 드세요.
   B 네. 알겠습니다.

   (6) A 또 오세요.
   B 네. 알겠습니다.

읽고 말하기 **p.138**

2. (1) ① 사과 열 개가 삼만 오천 원입니다.
   ② 주스 두 병이 육천 원입니다.
   ③ 과자 네 개가 구천구백 원입니다.

(2)

이 닭고기를 사세요! ★★★★★
Ⓐ, Ⓒ, Ⓔ
이 닭고기를 사지 마세요! ★
Ⓑ, Ⓓ

3 식당에 자주 가요 I go to the restaurants very often

문법 **pp.140~141**

2. (1) ⓑ (2) ⓓ (3) ⓒ (4) ⓔ (5) ⓐ

3. (1) 서점에 가요
   (2) 컴퓨터 회사에 다녀요
   (3) 부산에 가고 싶어요
   (4) 학교에 가요
   (5) 도서관에 가요

듣고 말하기 **p.142**

2. 타나펀 서준 씨, 어디에 가요?
   서준 김치찌개가 먹고 싶어요. 그래서 지금 식당에 가요.
   타나펀 어느 식당에 가요?
   서준 근처 '고향식당'에 가요. 거기 음식이 다 맛있어요.
   타나펀 그래요? 같이 가요.
   서준 좋아요. 거기 음식이 싸요. 그리고 양이 많아요.

   (1) ① (2) ②, ③

3.

제이슨	리카 씨는 이 식당에 자주 와요?
리카	네. 자주 와요. 된장찌개와 불고기가 괜찮아요.
제이슨	무슨 음식이 제일 맛있어요?
리카	이 식당은 불고기가 제일 맛있어요.
제이슨	그래요? 그럼 저는 불고기요.
리카	여기요! 여기 불고기 하나 된장찌개 하나 주세요.

(1) ① ○ ② × (2) 불고기

읽고 쓰기 *p.144*

2. (1) ①
   (2) ② 가게 주인이 친절합니다
   ③ 가구 가격이 쌉니다 / 가구가 쌉니다
   (3) ① × ② ×

찾아보기
Index

집필진 Authors

수석 책임 연구원

이민경 Lee, Minkyung

전 이화여자대학교 언어교육원 특임교수
Former Professor of Ewha Language Center, Ewha Womans University

이화여자대학교 한국학과 박사
Ph.D. in Korean Studies, Ewha Womans University

책임 연구원

김현진 Kim, Hyunjin

이화여자대학교 언어교육원 특임교수
Professor of Ewha Language Center, Ewha Womans University

이화여자대학교 독어독문학과 박사
Ph.D. in German Language & Literature, Ewha Womans University

배재원 Bae, Jaewon

이화여자대학교 언어교육원 특임교수
Professor of Ewha Language Center, Ewha Womans University

이화여자대학교 한국학과 박사
Ph.D. in Korean Studies, Ewha Womans University

공동 연구원

이정연 Lee, Jungyoun

이화여자대학교 언어교육원 전임강사
Full-time instructor of Ewha Language Center, Ewha Womans University

한국외국어대학교 국어국문학과 박사
Ph.D. in Korean Language & Literature, Hankuk University of Foreign Studies

김민정 Kim, Minjeong

이화여자대학교 언어교육원 특임교수
Professor of Ewha Language Center, Ewha Womans University

이화여자대학교 한국학과 박사
Ph.D. in Korean Studies, Ewha Womans University

박옥경 Park, Okkyung

이화여자대학교 언어교육원 책임강사
Instructor of Ewha Language Center, Ewha Womans University

이화여자대학교 한국어교육학과 석사
M.A. in Teaching Korean to Speakers of Other Languages, Ewha Womans University

황윤정 Hwang, Yunjeong

이화여자대학교 언어교육원 책임강사
Instructor of Ewha Language Center, Ewha Womans University

이화여자대학교 외국어로서의 한국어교육 전공 석사
M.A. in Teaching Korean as a Foreign Language , Ewha Womans University

최효원 Choi, Hyowon

이화여자대학교 언어교육원 책임강사
Instructor of Ewha Language Center, Ewha Womans University

이화여자대학교 한국어교육학과 석사
M.A. in Teaching Korean to Speakers of Other Languages, Ewha Womans University